Ma Première Encyclopédie Larousse

Rédaction :
Laure Cambournac

Illustration :
Jacques Azam
Robert Barborini
Fred Bernard
Marc Boutavant
Émile Bravo
Pierre Caillou
Alice Charbin
Bruno Heitz
Éric Meurice
Colonel Moutarde
Muzo
Hélène Perdereau
Pronto
Jérôme Ruillier
Rémi Saillard
Franck Stéphan
Anne Wilsdorf

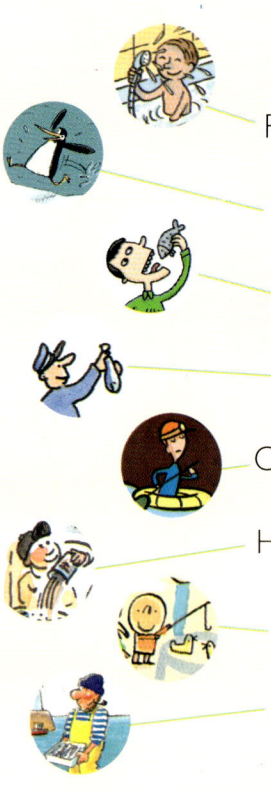

Personnage de couverture : Émile Bravo

Direction de la publication : Dominique Korach
Direction éditoriale : Françoise Vibert-Guigue, Delphine Godard
Direction artistique : Frank Sérac
Lecture-correction : Amélie Poggi
Fabrication : Jacques Lannoy

Conception graphique et réalisation : DOUBLE

© Larousse / HER 2000. 21, rue du Montparnasse 75006 Paris. ISBN 2-03-565 031-3. Impression Tien Wah Press, Singapour.
Photogravure Wespin. Dépôt légal : septembre 2000. N° de projet : 10073680 (I) 35.
Conforme à la loi numéro 49 956 du 16 juillet 1949 sur les publications destinées à la jeunesse.

Ma Première Encyclopédie Larousse

L'encyclopédie des 4-7 ans

SOMMAIRE

LE **CORPS**

Neuf mois pour naître	6-7
De la tête aux pieds	8-9
Les organes du corps	10-11
Voir, sentir, entendre…	12-13
Bien manger	14-15
En bonne santé	16-17
Grandir	18-19

LA **VILLE**

La ville	20-21
La rue	22-23
La maison	24-25
Les maisons du monde	26-27
Le chantier de construction	28-29
Ce qui fait fonctionner la maison	30-31
Le supermarché	32-33
La poste	34-35
L'hôpital	36-37
Le garage	38-39
La caserne des pompiers	40-41
Le commissariat de police	42-43
Le stade de football	44-45
Le gymnase et le stade	46-47
Le club d'équitation	48-49
Le cirque	50-51
Le parc d'attractions	52-53
Les spectacles	54-55
En avant la musique !	56-57
Bravo les artistes !	58-59

LES **TRANSPORTS**

Les trains	60-61
À l'aéroport	62-63
Les bateaux	64-65
Autos, vélos, motos…	66-67
Les tunnels	68-69

LA **NATURE**

La campagne	70-71
La ferme	72-73
Les fleuves, les rivières, les lacs…	74-75
Les grottes	76-77
Au bord de la mer	78-79
Sous la mer	80-81
La forêt	82-83
La montagne en été	84-85
La montagne en hiver	86-87

LE **TEMPS**

Une journée de 24 heures	88-89
Les douze mois de l'année	90-91
Les quatre saisons	92-93
Quel temps fait-il ?	94-95
Nuages et pluie	96-97
Avis de tempête	98-99

LES **ANIMAUX**

Les dinosaures	100-101
À la recherche des dinosaures	102-103
Les mammifères préhistoriques	104-105
Les animaux familiers	106-107
Les animaux de la ferme	108-109
Les animaux de la basse-cour	110-111
Les animaux des champs	112-113
Les insectes	114-115
La vie des insectes	116-117
Les animaux des villes	118-119
Les animaux des bois et des forêts	120-121
Les animaux des lacs et rivières	122-123
Les animaux de la savane africaine	124-125
Les animaux de la savane africaine	126-127
Les animaux des forêts tropicales	128-129
Les animaux des régions polaires	130-131
Les mammifères marins	132-133
Les animaux des mers	134-135
Les animaux des bords de mer	136-137
Étonnants animaux d'Australie	138-139
Les animaux en danger	140-141

LES **PLANTES**

La vie des arbres	142-143
Les arbres	144-145
La vie des plantes	146-147
Les plantes	148-149
La vie des fleurs	150-151
Les légumes	152-153
Les fruits	154-155
Les céréales	156-157

LA **TERRE**

Le monde	158-159
Les continents	160-161
Les volcans	162-163
Climats chauds, climats froids	164-165
La vie dans le désert	166-167
La vie sur une île tropicale	168-169
Dans la brousse africaine	170-171
La forêt tropicale	172-173
Les régions polaires	174-175
Protéger la Terre	176-177

L'**UNIVERS**

Les Planètes	178-179
Le Soleil et la Lune	180-181
Les étoiles	182-183
Observer le Ciel	184-185
Les navettes spatiales	186-187
Les hommes dans l'espace	188-189

LES **MOTS DIFFICILES** 190-191

Neuf mois pour naître

Avant de naître, un bébé vit environ neuf mois dans le ventre de sa maman. Pendant ces neuf mois, il s'en passe des choses !

1 Pour faire un bébé, il faut un **papa** et une **maman**.

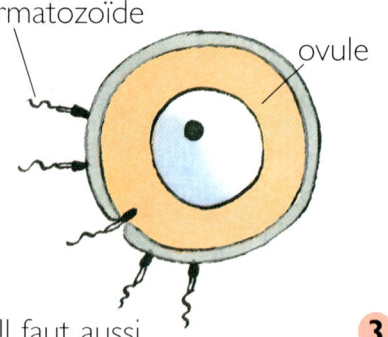

2 Il faut aussi qu'un des **spermatozoïdes** du papa rencontre l'**ovule** de la maman.

3 Quand cette rencontre a lieu, il se forme un petit **œuf** dans le ventre de la maman.

4 Pendant le **premier mois**, l'**œuf** se divise : une partie formera la tête du bébé, une autre les bras, etc.

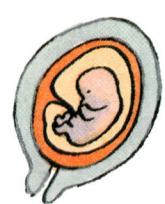
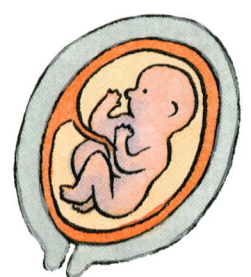
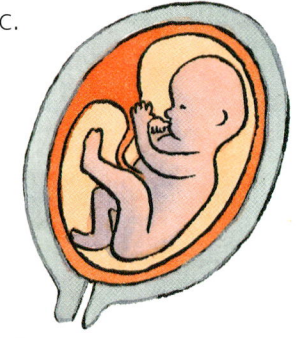

5 À **deux mois**, le bébé ressemble déjà à un petit homme. C'est un **embryon**. Son petit cœur bat.

6 Au **troisième mois**, on sait si ce sera une fille ou un garçon. Il mesure 7 centimètres.

7 Au **quatrième mois**, on peut compter ses doigts. La maman sent son bébé bouger.

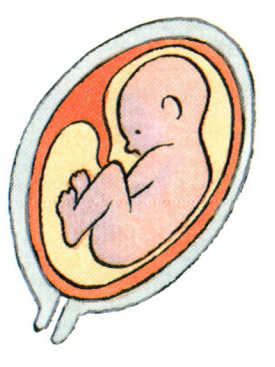 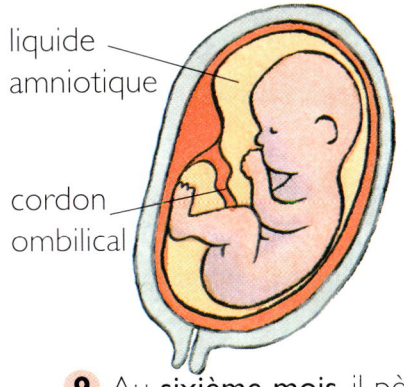

8 Au **cinquième mois**, le bébé ne cesse de bouger dans le ventre de sa mère. Ses cheveux poussent, il suce son pouce.

9 Au **sixième mois**, il pèse environ un kilo. Il découvre plein de nouveaux goûts en buvant le **liquide amniotique** qui l'entoure.

Les jumeaux

Il arrive qu'une maman mette au monde deux bébés le même jour : ce sont des **jumeaux**. S'ils sont issus du même œuf, ils se ressemblent comme deux gouttes d'eau. Ce sont des **vrais jumeaux** ❶. S'ils sont issus de deux œufs, ce sont des **faux jumeaux** ❷. Ils ne se ressemblent pas.

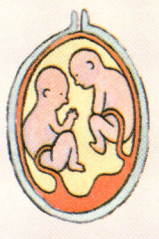 

❶   ❷

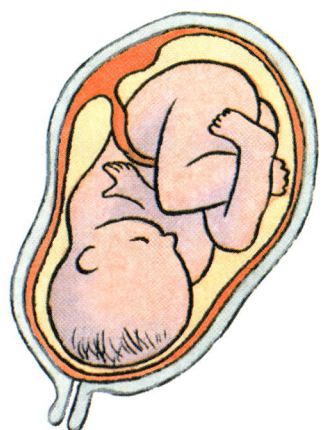 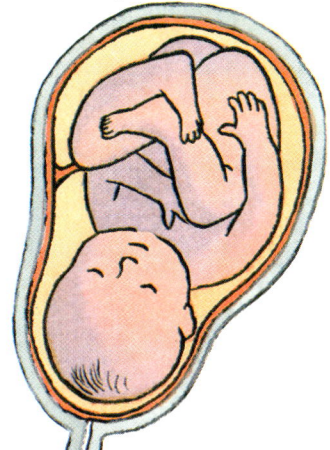

10 Aux **septième et huitième mois**, il a tellement grossi qu'il ne peut presque plus bouger.

11 Au **neuvième mois**, le bébé est prêt à naître, sa maman va accoucher.

Le nombril

Quand il est dans le ventre de sa maman, le bébé se nourrit par un petit tuyau, le **cordon ombilical**, attaché au milieu de son ventre et relié à sa maman. Quand le bébé naît, le médecin coupe ce cordon qui ne sert plus à rien. Cela laisse une petite trace sur le ventre : c'est le nombril.

De la tête aux pieds

Le corps est constitué de trois parties : la tête, le tronc et les membres.

Les cheveux

Les cheveux sont des **poils** qui poussent sur la **tête** pour la protéger du froid. Ils poussent toute la vie. C'est pour cela qu'il faut les couper de temps en temps. Les cheveux peuvent être noirs, blancs, bruns, blonds ou roux, raides ou frisés.

La peau

La peau est une enveloppe qui recouvre tout le corps et le protège. Elle est plus ou moins épaisse selon les endroits du corps. La peau peut sécréter un liquide : la **sueur**, une eau salée qui s'écoule par de tout petits trous que l'on appelle les **pores**. Sur la peau poussent aussi des **poils**.

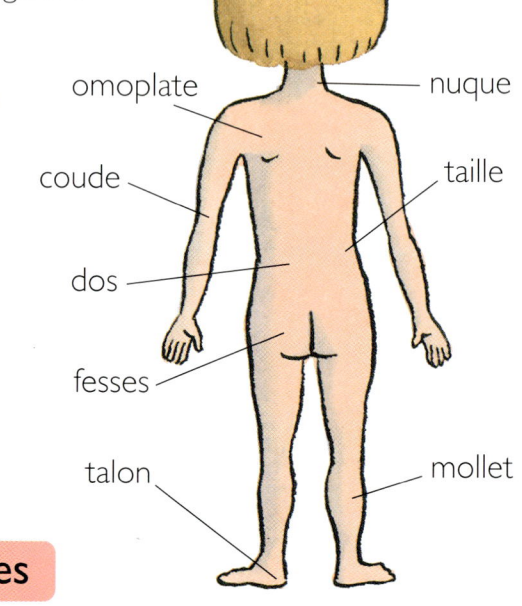

Les ongles

Les ongles recouvrent le bout des **doigts** et des **orteils**, comme les griffes au bout des pattes d'un chat. Ils sont faits d'une matière dure qui ressemble un peu à de la corne. Comme les cheveux, ils poussent toute la vie.

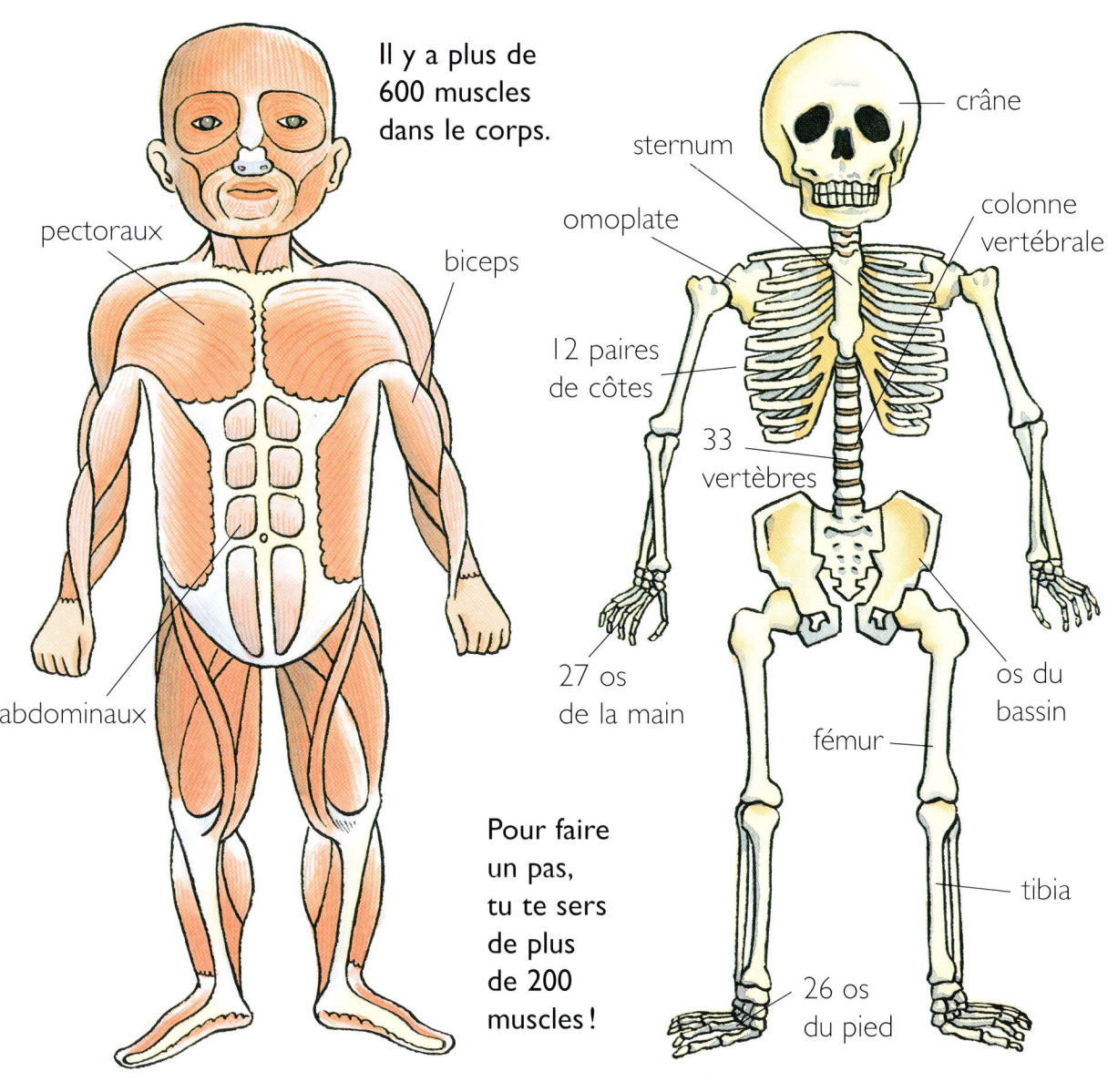

Les muscles

Que tu souries ou que tu fermes les yeux, que tu marches ou que tu lèves un bras : ce sont tes **muscles** qui travaillent. Ils sont fixés aux os du squelette par des espèces d'élastiques, les **tendons**.

Le squelette

À l'intérieur du corps se trouve le **squelette**. Il est constitué d'un peu plus de 200 os emboîtés les uns dans les autres. Les os sont reliés entre eux par des **articulations** qui permettent de bouger.

Les organes du corps

Le corps est une machine complexe, constituée d'os, de muscles, de nerfs, de sang, d'organes, et surtout de beaucoup d'eau.

- cerveau
- œsophage
- 2 poumons
- cœur
- foie
- estomac
- gros intestin
- intestin grêle

Le cerveau

Sous le **crâne**, il y a le **cerveau** qui commande et contrôle tous les mouvements du corps. Il permet aussi de ressentir des émotions, de parler et d'avoir des souvenirs. Le cerveau est relié au reste du corps par des milliers de **nerfs**, qui ressemblent à de minuscules fils électriques. Sans que l'on s'en rende compte, les nerfs informent le cerveau de tout ce qui se passe et ils transmettent les ordres du cerveau au corps.

Les poumons

Pour vivre, il faut respirer, c'est-à-dire faire entrer l'**oxygène** de l'air dans les deux poumons. Cet oxygène passe ensuite dans le sang qui circule dans tout le corps.

De l'eau ?

Plus de la moitié du corps est constituée d'**eau**. Les os, la peau, le sang, tout contient de l'eau, même si on ne s'en rend pas compte.

Le cœur

Quand on pose la main sur la poitrine, du côté gauche, on sent son **cœur** battre. Le cœur est un **muscle** gros comme le poing. À chaque battement, il envoie du sang dans le corps pour lui apporter de l'oxygène et ce dont il a besoin pour être en bonne santé.

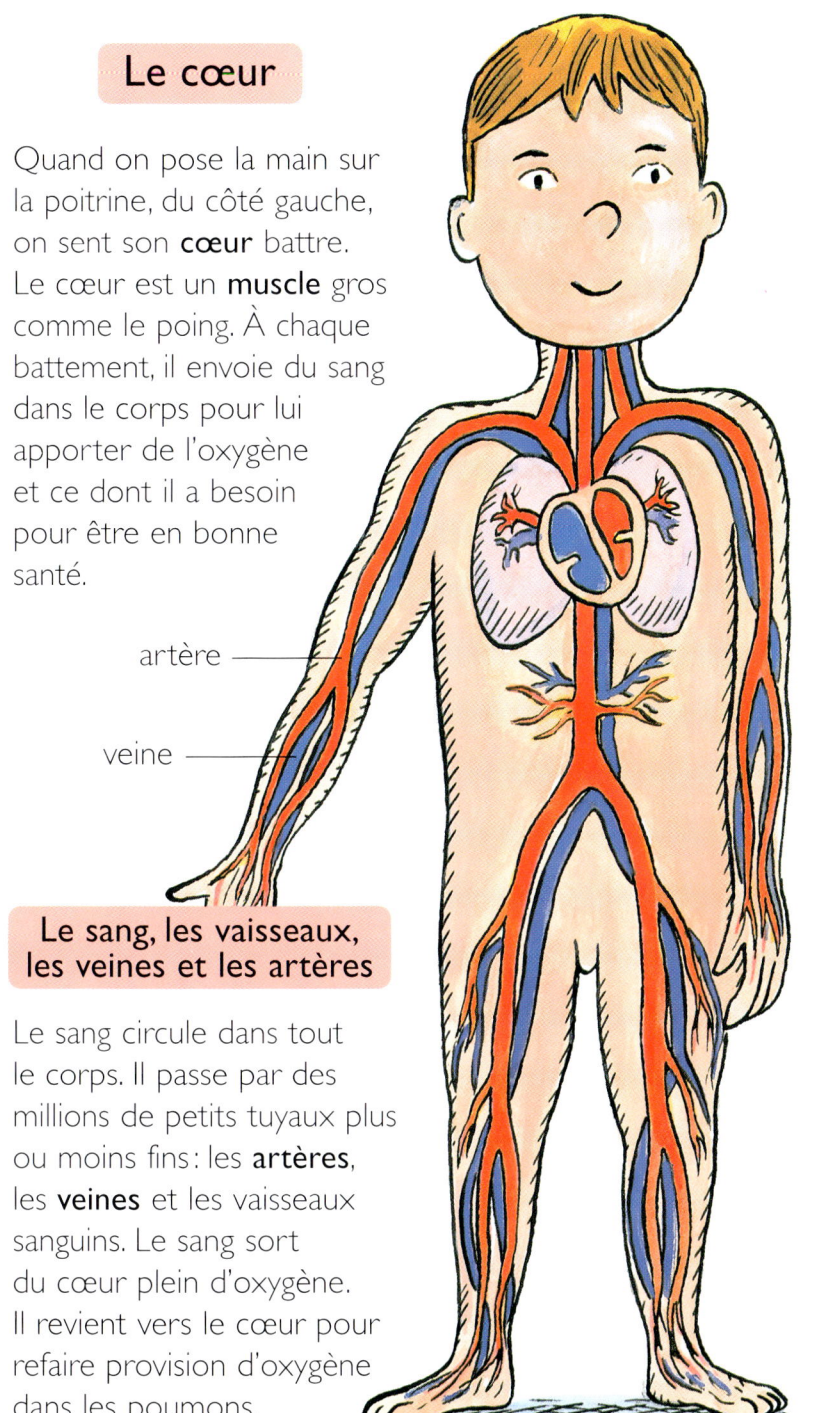

artère

veine

Le sang, les vaisseaux, les veines et les artères

Le sang circule dans tout le corps. Il passe par des millions de petits tuyaux plus ou moins fins : les **artères**, les **veines** et les vaisseaux sanguins. Le sang sort du cœur plein d'oxygène. Il revient vers le cœur pour refaire provision d'oxygène dans les poumons.

Manger et digérer

Quand tu manges une pomme, tu la broies avec tes **dents**. Ce que tu avales descend dans l'**œsophage** puis arrive dans l'**estomac**. Là, ce qui reste est réduit en bouillie. Cette bouillie part ensuite dans l'**intestin grêle**, avant d'être triée par le **foie**. Tout ce qui fournit de l'énergie, passe dans le **sang**. Tout ce qui n'est pas utile pour ta santé part dans le **gros intestin**. Tu t'en débarrasses en allant aux toilettes.

Voir, sentir, entendre…

La vue, l'ouïe, l'odorat, le goût le toucher, sont ce que l'on appelle les cinq sens. Ces cinq sens permettent de savoir ce qui se passe autour de soi. Ils sont tous contrôlés par le cerveau.

La vue

Ce sont les **yeux** qui permettent de **voir**. Observe-toi dans un miroir et tu découvriras qu'au milieu de ton œil, il y a un petit rond noir : la **pupille**. C'est par ce petit trou que la lumière entre dans ton œil et informe ton cerveau de ce que tu vois.

L'ouïe

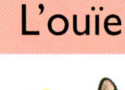

C'est grâce aux **oreilles** que l'on **entend**. Les sons entrent à l'intérieur de l'oreille et viennent frapper une petite membrane : le **tympan**.

L'odorat

C'est le **nez** qui permet de sentir les **odeurs**. À l'intérieur des **narines**, se trouvent des millions de petits récepteurs capables de reconnaître les odeurs.

Le goût

Ce sont les **papilles** situées sur la **langue** qui permettent de reconnaître le goût des aliments. Il y a **quatre goûts** principaux : le salé, le sucré, l'acide, comme le citron, et l'amer, comme le café. Ces quatre goûts correspondent à quatre régions de la langue.

Le toucher

C'est la surface de la **peau**, et particulièrement celle de la paume des mains, qui renseigne sur ce que l'on touche.

Grâce au **toucher**, on sait si quelque chose est froid, chaud, tiède, glacé, doux, rugueux, lisse, râpeux, piquant, dur ou mou, etc.

Pourquoi pleures-tu ?
Même quand tu ne pleures pas, tes yeux fabriquent des **larmes**, un liquide très utile pour qu'ils restent humides.
Lorsque tu es triste ou lorsque tu te fais mal, tes yeux en produisent beaucoup plus.
Ces larmes "en trop" débordent alors de tes yeux et coulent sur tes joues.

Le nez bouché
Quand tu manges, quand tu bois, une grande part de ce que tu penses être le goût vient en fait de l'odorat.
C'est pourquoi, lorsque tu es **enrhumé** et que tu as le **nez bouché**, tu as l'impression que rien n'a de goût.

Bien manger

Pour grandir et se développer, le corps a besoin de nourriture. Pour être en bonne santé, il faut manger de tout, et pas seulement ce qui fait plaisir.

Les protéines

La viande, le poisson, les œufs, le lait, le fromage contiennent des **protéines**. Elles sont bonnes pour la peau, les muscles…

Les graisses

Le beurre, l'huile, certains biscuits et même le chocolat contiennent des **graisses**. Il ne faut pas en manger trop.

Les sucres

Le miel, les bonbons, la confiture, les fruits, contiennent des **sucres**, mais aussi le riz, les pâtes, le pain ou les pommes de terre. Tous ces sucres fournissent l'énergie dont le corps a besoin.

Les vitamines

Les fruits, les légumes crus, le lait, les œufs, le foie… renferment plein de **vitamines**. Elles sont très utiles pour le corps.

Les sels minéraux

Le calcium est caché dans le lait, le magnésium dans le chocolat… Ces **sels minéraux** sont bons pour les os, le sang, etc.

Les boissons

Découvre à partir de quoi sont faites les boissons que tu connais.

Le **thé** est fait avec les feuilles du théier.

La **limonade** est faite avec de l'eau, du sucre et du citron.

Le **chocolat** est fait à partir des graines du cacaoyer.

La vache donne le **lait**.

L'**eau** vient des sources de montagne.

Le **vin** est fait à partir du raisin.

Le **café** est fait avec les graines du caféier.

Le **cidre** est fait avec des pommes.

En bonne santé

Pour grandir et être en bonne santé, tu as besoin de dormir beaucoup.

Plus on est petit, plus on a besoin de **dormir**. Pendant le **sommeil**, le corps se repose et fabrique une substance qui sert à grandir. Et pendant ce temps-là, sans que l'on s'en rende compte, le cerveau travaille.

Il invente des **rêves**, des histoires qui font plaisir. Mais il crée aussi des **cauchemars**, des histoires qui font tellement peur qu'elles peuvent réveiller. Heureusement, ce ne sont que des histoires!

la visite médicale

Pour vérifier que tu vas bien, que tu grandis bien, tu dois aller régulièrement chez le médecin passer une visite médicale. Les médecins viennent aussi dans ta classe.

1 Le médecin te mesure sous la **toise**. Il te pèse sur la **balance**.

Les dents

Un petit enfant a 20 **dents de lait** : 8 incisives, 4 canines et 8 molaires. Vers l'âge de 6 ans, elles tombent et sont remplacées par des dents que l'on garde toute la vie. Un adulte a 32 dents. Il faut se laver les dents tous les jours, car si des morceaux de nourriture restent coincés entre les dents, ils vont provoquer des trous dans les dents, les **caries**.

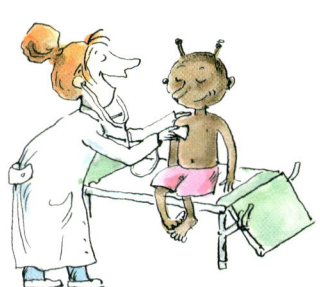

2 Il t'**ausculte** : il écoute tes poumons et ton cœur avec un **stéthoscope**.

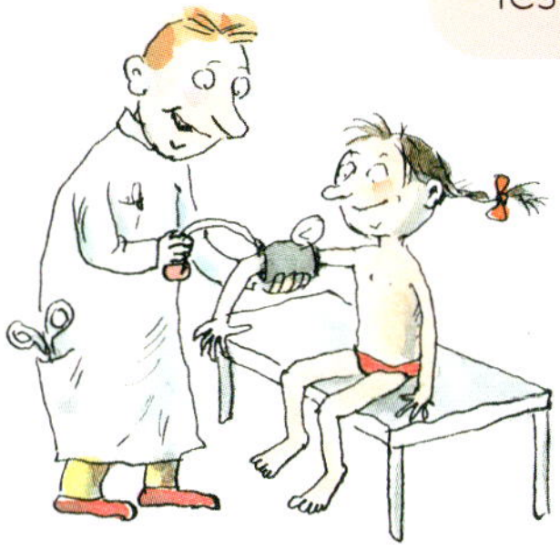

3 Il prend ta **tension**, pour savoir à quelle vitesse circule ton sang dans tes veines.

5 Il contrôle ta **vue**.

4 Il regarde tes **oreilles**. Avec un bâtonnet, il baisse ta langue pour bien voir le fond de ta **gorge**.

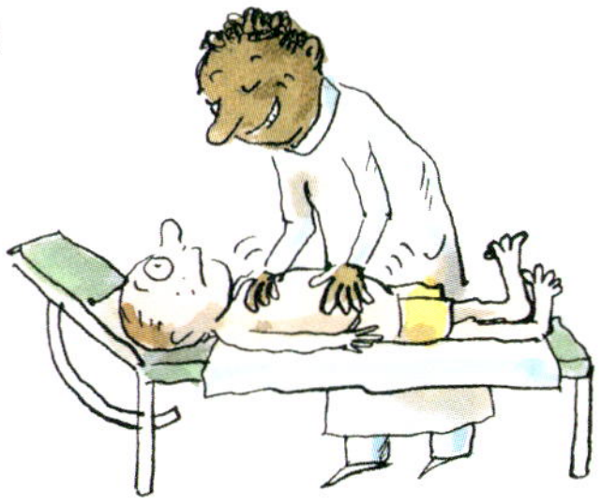

6 Il **palpe** ton corps. En appuyant sur ton ventre, il sent ton foie, ton estomac…

Grandir

Du bébé à l'adulte, que de changements ! Le corps grandit, se transforme. Et il y a tant de choses à apprendre…

Le **nouveau-né** tête et dort.
Il grandit vite.

À **six mois**, le bébé sait se tenir assis tout seul. Il gazouille.

Vers **un an**, il fait ses premiers pas. Il découvre le monde.

À **2 ans**, le jeune enfant commence à bien parler…

À **4 ans**, il est deux fois plus grand qu'à la naissance.

À **6 ans**, il apprend à lire, à écrire, à compter.

De **6 à 12 ans**, il continue de grandir et d'apprendre.

À **l'adolescence**, le corps change beaucoup.

À **18 ans**, on n'est plus un enfant, mais un adulte

Une **famille** regroupe des enfants, des parents, des grands-parents, des arrière-grands-parents. Voici un arbre généalogique, un tableau représentant une famille…

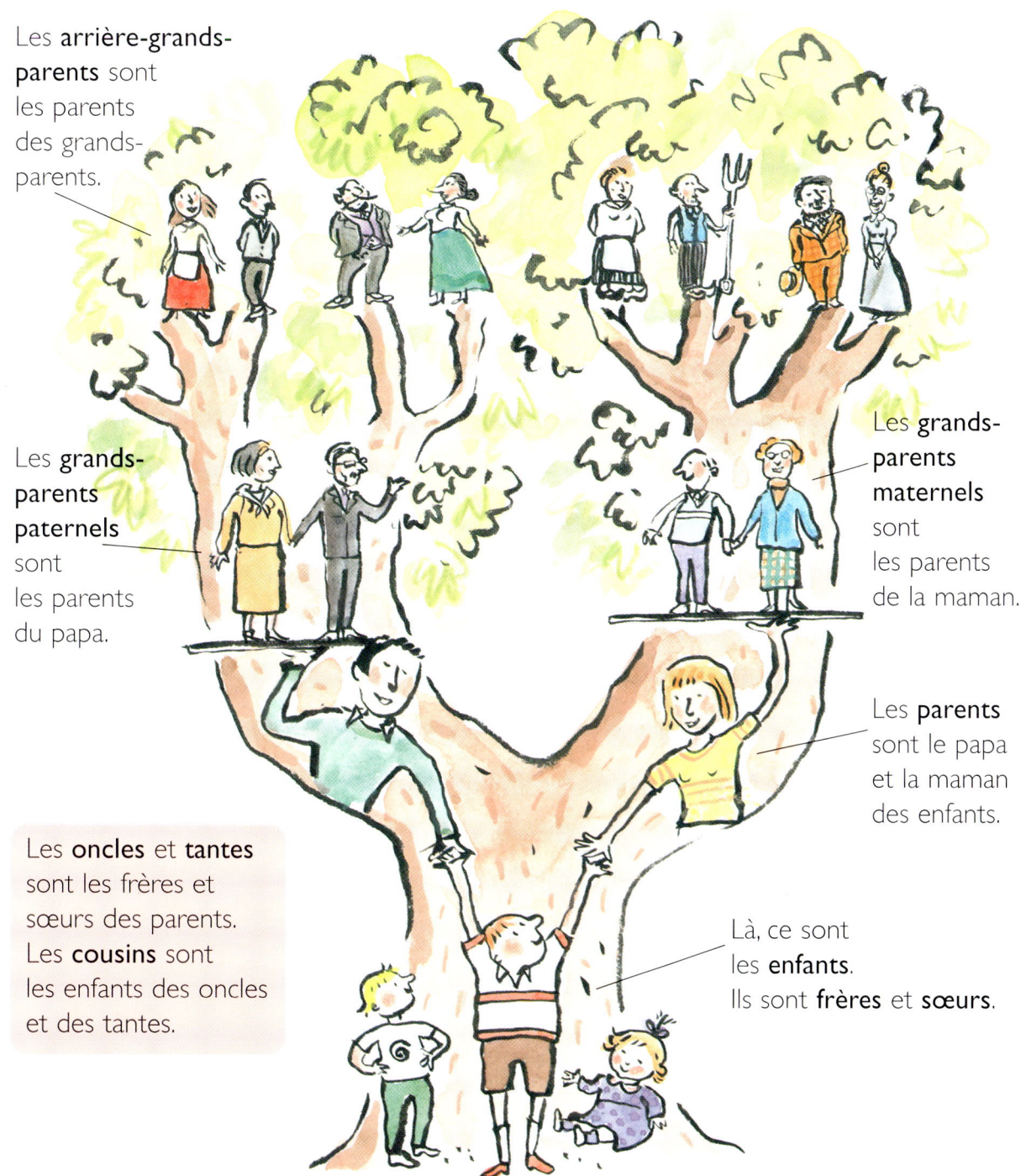

Les **arrière-grands-parents** sont les parents des grands-parents.

Les **grands-parents paternels** sont les parents du papa.

Les **grands-parents maternels** sont les parents de la maman.

Les **parents** sont le papa et la maman des enfants.

Les **oncles** et **tantes** sont les frères et sœurs des parents.
Les **cousins** sont les enfants des oncles et des tantes.

Là, ce sont les **enfants**. Ils sont **frères** et **sœurs**.

La ville

Une ville, c'est un ensemble de maisons, d'immeubles, de magasins et de bâtiments où vivent et travaillent un grand nombre de personnes. Toutes les villes n'ont pas la même taille. Certaines sont très modernes, d'autres plus anciennes.

1 La caserne des pompiers
C'est là que les pompiers attendent qu'on les appelle pour éteindre un incendie ou porter secours à des gens blessés.

2 L'école
Dans chaque ville, il y a plusieurs **écoles**. Les enfants de moins de 6 ans vont à l'école maternelle. À 6 ans, ils vont à l'école élémentaire. Vers 11 ans, ils iront au collège, puis au lycée.

3 La statue
Pour qu'on se souvienne des hommes et des femmes qui ont fait des choses importantes pour le pays ou pour la ville, on élève des **statues** et des **monuments**. Cela permet aussi de décorer les villes.

5 La gare
Les trains, comme les routes, permettent de relier la ville à d'autres villes et villages. La **gare** est l'endroit d'où les trains partent et où ils arrivent. Les grandes villes ont parfois plusieurs gares.

6 Le poste de police
Les policiers surveillent la ville. S'ils s'aperçoivent qu'une personne fait quelque chose que l'on n'a pas le droit de faire, ils la conduisent au **poste de police**.

7 La mairie
La personne qui organise la vie de la ville est le maire. Il est aidé par des conseillers. Tous travaillent à la **mairie**.

8 L'église
Un toit pointu surmonté d'une girouette, c'est le clocher de l'**église**.

4 Le quartier
C'est une partie d'une ville. Dans une même ville, les **quartiers** peuvent être très différents les uns des autres.

9 Le square
Quand l'école est finie, les parents ou les baby-sitter emmènent les enfants au **square** pour courir et jouer dehors.

La rue

Les villes sont traversées par des rues où circulent les voitures et les vélos. Les piétons marchent sur les trottoirs. Dans la rue, il y a des magasins de toutes sortes.

Les voitures, les motos et les vélos circulent sur la **chaussée**.

Le **panneau sens interdit** signifie que les voitures n'ont pas le droit de prendre la rue dans ce sens.

À la **boucherie**, on achète de la viande.

Dans la **boutique de prêt-à-porter**, on achète des vêtements.

À la **boulangerie**, on achète du pain et des viennoiseries, comme les croissants et les pains au chocolat.

Le **policier** aide les enfants à traverser sur le **passage-piétons**.

Le **fleuriste** vend des fleurs et des plantes vertes.

Le bon chemin
Connais-tu le chemin pour aller à l'école? Les magasins et leurs vitrines, les restaurants, les panneaux de signalisation sont autant de repères qui t'aident à retrouver ton chemin.

Au **kiosque**, on achète des journaux et des revues.

Les enfants jouent dans le **square**. On dit aussi le jardin public.

La maison

Voici un immeuble. Il ressemble peut-être à celui que tu habites, ou à ceux que tu as déjà vus en te promenant dans la rue.

Sur le toit, il y a des **cheminées** par lesquelles s'échappe la fumée.

L'**antenne** est posée sur le toit. Elle permet de recevoir les émissions de télévision.

Un **immeuble** est une grande maison de plusieurs **étages**.

Sur la **façade** de cet immeuble, il y a de nombreuses fenêtres et un **balcon**.

Les **fenêtres** sont des ouvertures faites dans la façade. Les fenêtres ont des **vitres** pour laisser passer la lumière.

Quand on veut dormir, on ferme les **volets**.

L'eau de pluie tombe dans la **gouttière**.

On entre dans l'immeuble par la **porte d'entrée**.

Les quelques marches devant la porte d'entrée s'appellent le **perron**.

Un immeuble comme celui-ci est divisé en plusieurs **appartements**.
Certaines parties sont **communes**, comme les escaliers
ou l'ascenseur. C'est là que les gens se rencontrent, se parlent.
Regarde bien le dessin et découvre ce que chacun fait dans cet immeuble.

Les maisons

Il existe plusieurs sortes de maisons.

Le **pavillon** est une petite maison.

La **villa** est une grande maison, souvent entourée d'un jardin.

Le **château** est une très grande et très vieille maison, avec parfois des tours.

Les maisons du monde

Sur la Terre, les hommes habitent toutes sortes de maisons. Elles peuvent être très hautes ou à un seul étage, en bois, en pierre, en paille, sur pilotis ou creusées dans la roche… La plupart sont fixes, mais certaines se déplacent.

Dans les villages africains, les **cases** sont construites en terre et en paille. Ce sont de petites maisons qui restent fraîches à l'intérieur malgré la chaleur.

Autrefois, les Esquimaux construisaient des **igloos** en découpant et en assemblant des blocs de glace. Les igloos servaient d'abri pour les chasseurs. Aujourd'hui, ils vivent dans des petites maisons de bois colorées.

Un **gratte-ciel** est un immeuble très haut, avec beaucoup d'étages. Il est si haut qu'il semble toucher le ciel.

Les **roulottes** et les **caravanes** sont des maisons sur roues.

Dans les pays où il pleut beaucoup, les maisons sont construites sur **pilotis**, des morceaux de bois enfoncés dans le sol.

Les maisons de bois que l'on voit en montagne sont des **chalets**. Leur toit est pentu pour que la neige ne s'y accroche pas.

Il y a très longtemps, les Indiens d'Amérique vivaient dans des **tipis**, des tentes faites avec des peaux de bêtes.

Les rois et les reines, les princes et les princesses habitent des **palais**, de grandes et magnifiques maisons.

Les **Touaregs**, les nomades qui parcourent le désert du Sahara en Afrique, s'abritent sous des **tentes**.

Les **troglodytes** installent leur maison dans des **grottes** ou dans les **trous** des roches.

Le chantier de construction

Beaucoup d'ouvriers participent à la construction d'une maison ou d'un immeuble. Chacun a un métier bien particulier.

L'**architecte** dessine les plans de la maison. Le **chef de chantier** dirige les travaux.

Le **maçon** construit les murs de la maison. Le **couvreur** recouvre les toits avec des tuiles, des ardoises, de la tôle.

Le **peintre** peint les murs.
Le **plombier** installe
les conduites d'eau
et les robinets.
Le **menuisier** s'occupe
de tout ce qui est en bois.

L'**électricien** fait venir les
fils électriques et installe
les prises. Le **terrassier**
conduit l'excavatrice, une
machine munie d'une pelle
et de chaînes.

Le jeu des métiers
Amuse-toi à retrouver ces personnages sur le chantier.

architecte — chef de chantier
couvreur — maçon
peintre — plombier
menuisier — électricien

Ce qui fait fonctionner la maison

Tu ouvres le robinet : l'eau se met à couler. **Tu appuies sur l'interrupteur,** la lampe s'allume. **Tu tires la chasse d'eau.** Et hop ! tout disparaît. **Le téléphone sonne.** C'est ta grand-mère qui veut te parler. Mais comment fonctionne tout cela ?

L'électricité est produite par des **centrales électriques.**

Elle est conduite dans les maisons par des câbles.

L'eau, **le gaz** viennent d'usines installées en dehors des villes. Ils arrivent jusqu'aux maisons par des galeries creusées dans le sol.

Pour éteindre un feu, les pompiers ont besoin d'eau. Ils fixent leur lance à incendie à **la bouche d'incendie.**

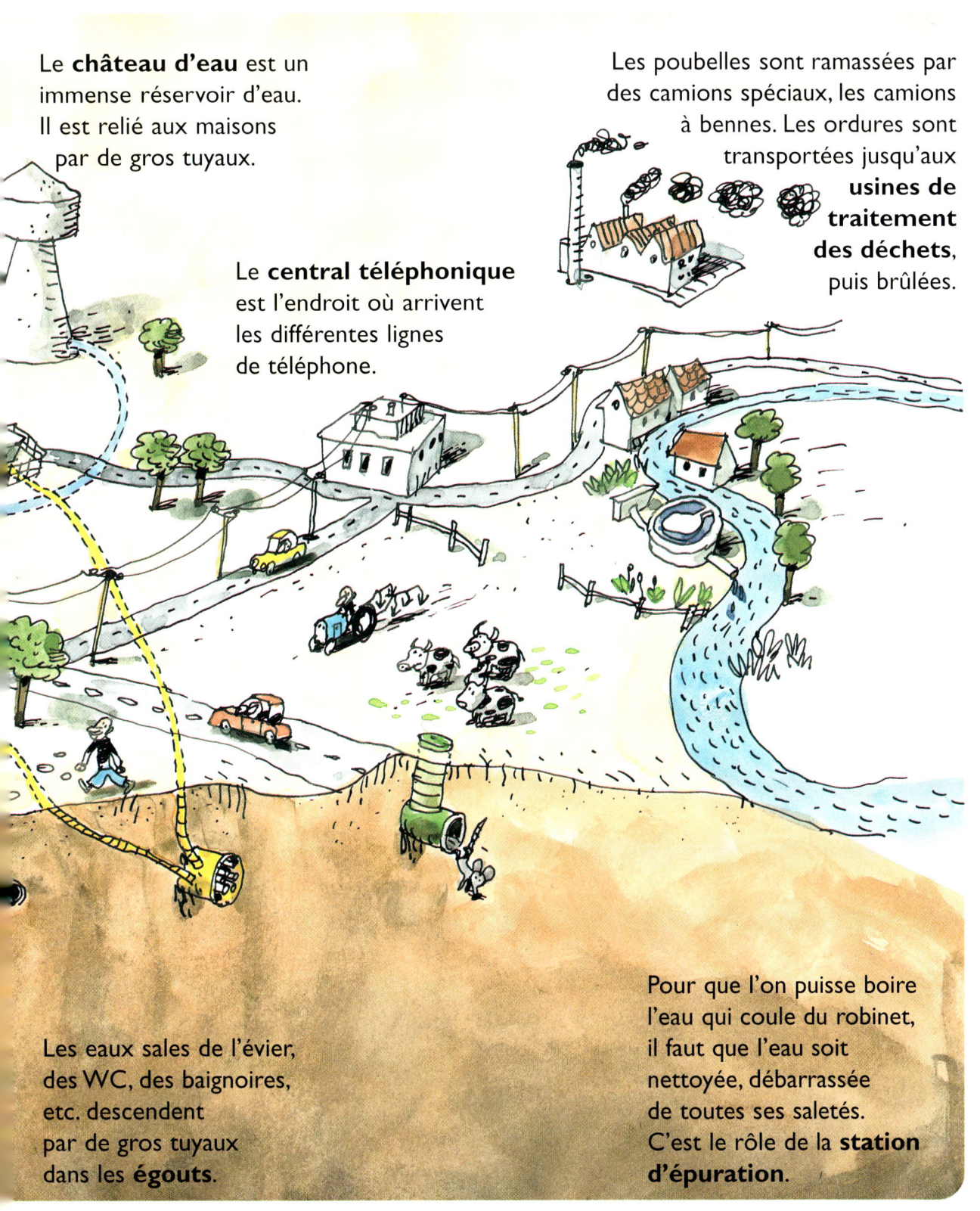

Le **château d'eau** est un immense réservoir d'eau. Il est relié aux maisons par de gros tuyaux.

Les poubelles sont ramassées par des camions spéciaux, les camions à bennes. Les ordures sont transportées jusqu'aux **usines de traitement des déchets**, puis brûlées.

Le **central téléphonique** est l'endroit où arrivent les différentes lignes de téléphone.

Les eaux sales de l'évier, des WC, des baignoires, etc. descendent par de gros tuyaux dans les **égouts**.

Pour que l'on puisse boire l'eau qui coule du robinet, il faut que l'eau soit nettoyée, débarrassée de toutes ses saletés. C'est le rôle de la **station d'épuration**.

Le supermarché

**On peut tout acheter au supermarché :
des produits frais comme le lait, les fruits, les légumes la viande ou le poisson, du pain et des gâteaux, des conserves, des habits, des produits de beauté, des cahiers, des livres et même des bonbons et des jouets !**

❶ Les immenses étagères sur lesquelles sont rangés les produits s'appellent les **rayons**.
❷ Le **chef de rayon** range les produits sur les rayons.
❸ On paie à la **caissière** tout ce que l'on a acheté.
❹ On utilise un **caddie** pour transporter ce que l'on achète, sans se fatiguer.
❺ Les **vigiles** surveillent le magasin.
❻ Chaque jour, des camions livrent la marchandise.
❼ La marchandise est transportée sur de grands plateaux appelés **palettes**. Ces palettes sont déchargées

Les rayons :

8 Les **produits d'entretien** : ce sont tous les produits qui servent à nettoyer la maison.

9 Les **produits laitiers**, les yaourts, le lait frais, les fromages, les œufs, sont conservés au froid dans des **rayons réfrigérés**.

10 Les **fruits et légumes**.

11 La **charcuterie** et la **fromagerie** sont souvent l'une à côté de l'autre.

12 Au rayon **poissonnerie**, les poissons sont conservés sur de la glace.

13 Au rayon **boulangerie**, on achète toutes sortes de pains et de bonnes pâtisseries.

par les chariots élévateurs. La marchandise est ensuite conduite vers les entrepôts avant d'être rangée dans les rayons du supermarché.

Comment payer ?
On peut payer :

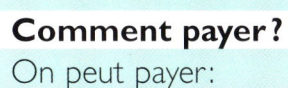

avec des **billets** et des **pièces** ;

avec un **chèque**, ou une **carte bancaire**.

Où sont-ils cachés ?
Amuse-toi à retrouver ces personnages dans le supermarché.

La poste

Tu viens d'écrire une lettre à un ami qui habite loin de chez toi... À la poste, plusieurs personnes vont s'en occuper pour qu'elle arrive vite à son destinataire.

Au **guichet**, on peut acheter des timbres et déposer l'enveloppe ou le paquet que l'on veut envoyer.

Le **guichetier** pèse la lettre ou le paquet pour indiquer le prix du timbre qu'il faut acheter.

Sur l'**enveloppe** ou le paquet que tu envoies, tu dois écrire :
• le **nom** de la personne à qui tu le destines
• son **adresse**, c'est-à-dire le numéro et le nom de la rue, le nom de la ville ou du village dans lequel elle habite.

La lettre tombe dans une caisse. Les **postiers trient** toutes les lettres, c'est-à-dire qu'ils les rassemblent et les mettent dans des sacs différents selon leur destination : France, Italie, États-Unis, Japon, etc.

Le **timbre** est un petit morceau de papier collant que l'on achète pour payer le transport de la lettre ou du paquet. Plus l'enveloppe ou le paquet est lourd, plus le timbre coûte cher.

Une **camionnette** vient ramasser les sacs. Les lettres qui vont loin partent par train ou par **avion**.

Le **facteur** est la personne qui dépose les lettres dans les boîtes aux lettres des maisons, après avoir regardé les noms et les adresses marqués sur les enveloppes.

S'écrire autrement

Il existe aujourd'hui d'autres moyens de s'écrire que d'envoyer des lettres.

Si deux personnes ont chacune un **ordinateur** équipé d'une **boîte aux lettres électronique**, elles peuvent s'écrire et s'envoyer leur lettre directement par l'**ordinateur**.

On appelle cette boîte aux lettres un **e-mail**.

L'hôpital

On va à l'hôpital pour se faire soigner ou se faire opérer. C'est aussi à l'hôpital que les mamans mettent au monde leur bébé.

❶ Les malades se présentent à l'**accueil**.
❷ Les malades patientent dans la **salle d'attente**.
❸ Chaque médecin a sa spécialité. L'**oto-rhino-laryngologiste** soigne le nez, la gorge et les oreilles. L'**ophtalomologiste** soigne

les yeux, et le **cardiologue** soigne le cœur.

4 Le **radiologue** fait passer des scanners et des radios.

5 Le **bloc opératoire** est la pièce dans laquelle les **chirurgiens** opèrent les malades. L'**anesthésiste** endort le malade avant l'opération.

6 Les mamans accouchent à la **maternité**.

7 Les malades se reposent dans leur **chambre** et reçoivent des visites.

8 Les **infirmiers** et les **infirmières** se détendent dans la **salle de repos**.

9 Certains malades ont besoin de soins particuliers qui nécessitent des appareils. Ce sont des **soins intensifs**.

10 Le **pédiatre** est le médecin qui soigne les enfants.

11 L'**ambulance** est une camionnette spéciale qui permet de transporter les malades et les blessés. Ils sont accueillis aux **urgences**.

Le garage

Pour bien fonctionner, une voiture doit être entretenue. Il faut s'assurer que les pneus sont bien gonflés et vérifier l'huile. Parfois, il faut démonter la voiture pour la réparer.

❶ Les **pare-chocs**, à l'avant et à l'arrière, protègent la voiture en cas de choc.

❷ Quand il fait nuit, le conducteur allume les **phares** de la voiture pour éclairer la route et pour que les autres voitures le voient bien.

❸ Le **moteur** est la machine qui permet à la voiture de rouler. Il est le plus souvent placé sous le **capot** avant de la voiture.

Le **pont élévateur** permet au mécanicien de soulever la voiture et de pouvoir faire des réparations en dessous.

Les **mécaniciens** sont des spécialistes des voitures. Ils contrôlent et ils vérifient l'état du moteur. Ils réparent ou ils changent les pièces cassées.

4 Le **pot d'échappement** apparaît sous le coffre de la voiture. C'est par là que s'échappent les gaz du moteur.

5 La **carrosserie**, c'est la partie métallique qui recouvre la voiture.

6 Les roues sont équipées de pneus. Au milieu de la roue, il y a un **enjoliveur** pour la rendre plus jolie.

7 Le **pare-brise** est la grande vitre qui se trouve à l'avant de la voiture. La grande vitre arrière s'appelle la **lunette arrière**. Quand il pleut, les **essuie-glaces** chassent l'eau et permettent au conducteur de bien voir la route.

La caserne des pompiers

On fait appel aux pompiers quand il faut éteindre un feu. Mais aussi quand il y a des inondations, quand des personnes sont en danger, ou quand il se produit un accident.

La caserne

La caserne est l'endroit où les pompiers se regroupent et attendent au cas où il y aurait une alerte. Des dortoirs sont aménagés pour qu'ils puissent se reposer ou dormir quand ils doivent passer la nuit à la caserne. Les camions sont garés dans le parking.

Au feu !

L'**alerte** est donnée ! Les pompiers se préparent.

Ils enfilent les **vêtements** qui les protègent du feu.

Ils mettent aussi un **casque en métal**.

Ils descendent par la **rampe** d'incendie.

Ils montent à bord du **camion de pompiers**.

Vite ! Ils se rendent sur le lieu de l'**incendie**.

Le camion de pompiers est équipé d'une **lance à incendie** et d'une **grande échelle** que les pompiers déplient pour atteindre les étages supérieurs des maisons. Il arrive que les pompiers soient obligés de faire sortir des personnes par une fenêtre, parce qu'il y a le feu dans leur escalier. Les pompiers les font sauter dans un immense **filet** qu'ils tiennent solidement, en bas de la maison.

Pompiers du ciel

Impossible d'éteindre un feu de forêt avec des lances à incendie… Les pompiers se servent alors d'un **canadair**, un avion équipé de grands réservoirs d'eau. L'avion survole l'incendie, il ouvre ses réservoirs et jette sur le feu d'énormes quantités d'eau.

Le commissariat de police

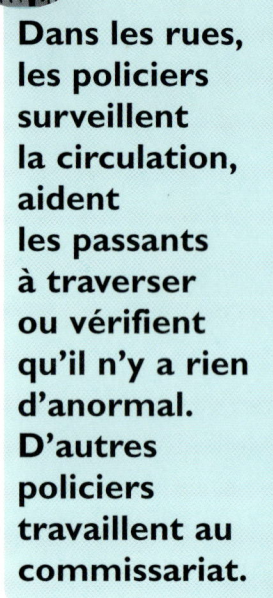

Dans les rues, les policiers surveillent la circulation, aident les passants à traverser ou vérifient qu'il n'y a rien d'anormal. D'autres policiers travaillent au commissariat.

La **voiture de police** est équipée d'une sirène et d'une lumière appelée **gyrophare** pour qu'on la repère de loin et qu'on la laisse toujours passer.

Les **motards** sont des policiers à moto. Ce sont souvent des champions de moto qui savent se faufiler entre les voitures pour aller plus vite.

42

Dans un commissariat de police, il y a de nombreux bureaux.

1 Un policier répond au **téléphone** aux personnes qui ont besoin d'aide.

2 Devant le **plan** du quartier, des policiers cherchent des solutions pour diminuer les **embouteillages**.

3 Un monsieur s'est fait voler sa voiture. Il vient faire une **déclaration** : il explique comment ça s'est passé. Tout ce qu'il dit est tapé à la machine.

4 Un voleur vient d'être arrêté. Il va passer une nuit dans une **cellule**, une pièce isolée du commissariat de police, avant d'être conduit en prison.

Le stade de football

Quelques minutes avant le match, les supporters remplissent les gradins. Les 11 joueurs de chaque équipe entrent sur le terrain. Le coup d'envoi est donné par l'arbitre.

Les **supporters** sont des spectateurs qui assistent au match pour encourager leurs joueurs préférés. Ils portent les couleurs de leur équipe.

ALLEZ LES JAUNES

mangez des CARAMOUS

Le **gardien de but** (ou **goal**) se prépare à arrêter le ballon. Ses mains sont protégées par d'épais gants de cuir. Il porte le numéro 1 sur son maillot.

Un **terrain de football** mesure :
• entre 90 et 120 mètres de long
• 80 mètres de large en moyenne

Les joueurs occupent chacun une position sur le terrain.
1. Les **arrières** assurent la défense de leurs buts.
2. Les **avants** et l'**avant-centre**, en particulier, doivent marquer des buts.
3. Les **milieux de terrain** transmettent le ballon des **arrières** aux **avants**.

siffle les fautes et
ne les joueurs qui
tent pas les règles.

Les **buts** mesurent 7,32 mètres de long sur 2,44 m de haut.

n jaune
e le joueur a un avertissement,
rouge que le joueur doit sortir.
lsé, il n'a plus le droit de jouer.

La tenue du footballeur

Chaque footballeur porte un **maillot** aux couleurs de son équipe, ce qui permet de le distinguer de ses adversaires. Son nom et son numéro sont inscrits sur son maillot. Ses chaussures sont équipées de **crampons** qui lui permettent de se déplacer sur le terrain sans glisser, surtout quand il y a de la boue.

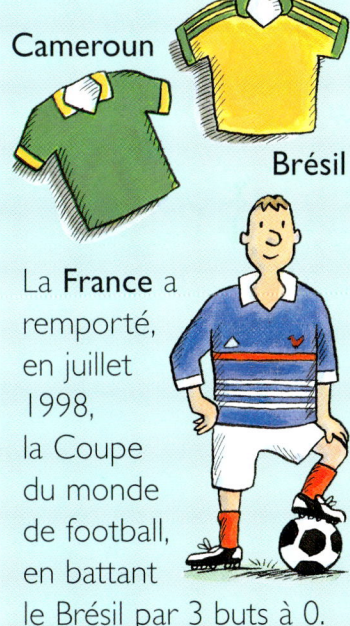

Cameroun

Brésil

La **France** a remporté, en juillet 1998, la Coupe du monde de football, en battant le Brésil par 3 buts à 0. Zinedine Zidane a marqué 2 buts. C'était la première fois que la France remportait cette coupe.

Le gymnase et le stade

À l'abri de la pluie, dans une grande salle couverte, les petits gymnastes s'entraînent. Au stade, en plein air, on fait de l'athlétisme.

On appelle **agrès** les appareils que l'on utilise pour faire de la gymnastique : les anneaux, les barres, la poutre, etc.

Au sol, il y a des **tapis** en mousse, bien épais, pour ne pas se faire mal en tombant.

Pour passer au-dessus du **mouton**, il faut bien écarter les jambes.

Sur la **poutre**, on peut marcher, courir, faire des sauts, se retourner. Attention de ne pas perdre l'équilibre !

Pour faire des **anneaux**, il faut beaucoup de force dans les bras.

Les **barres asymétriques** ne sont pas disposées à la même hauteur. Ce n'est pas facile de passer de l'une à l'autre !

Sur les **barres parallèles**, on se déplace en tendant bien les bras.

Au stade

Sur la **piste** en terre battue qui fait le tour du stade, les athlètes font la **course** et sautent des **haies** en courant.

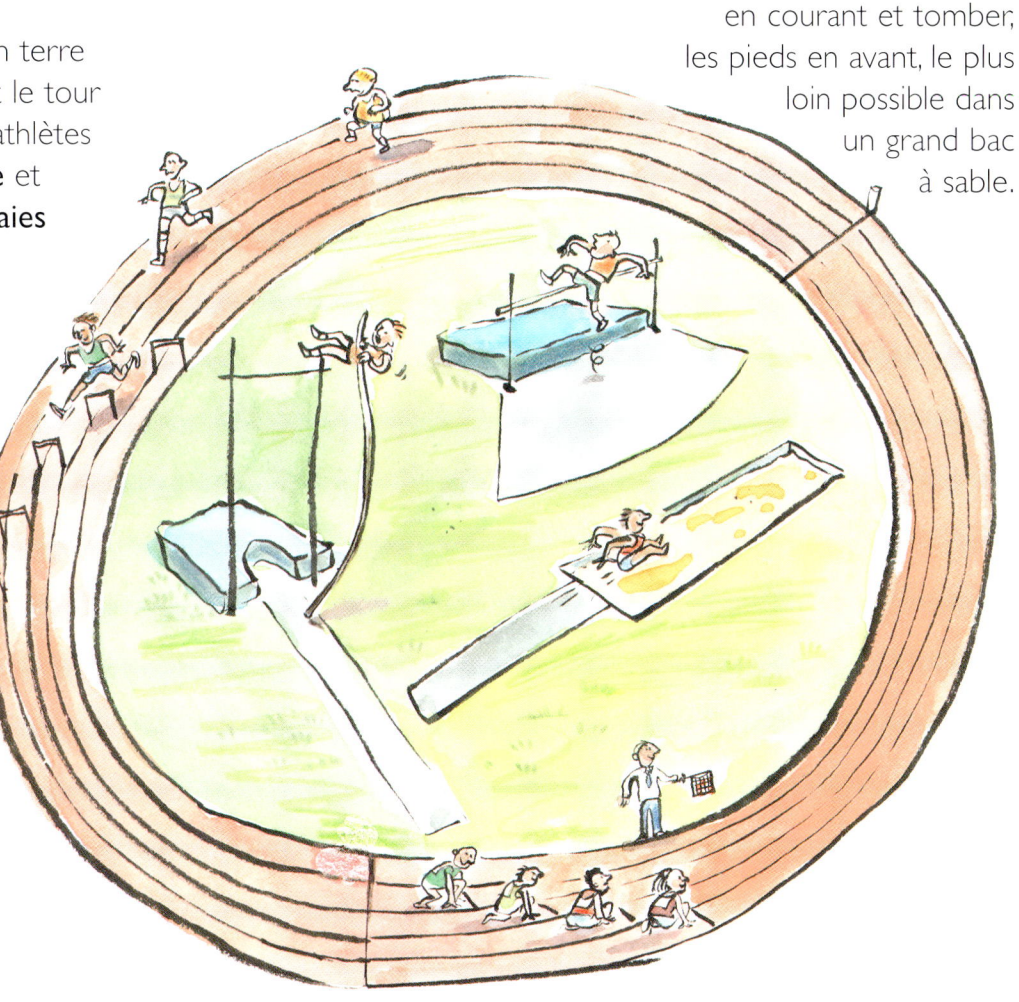

Pour le **saut à la perche** et le **saut en hauteur**, il faut franchir une barre de plus en plus haute… sans la faire tomber !

Pour le **saut en longueur**, il faut prendre son élan en courant et tomber, les pieds en avant, le plus loin possible dans un grand bac à sable.

Il existe trois épreuves de **lancer** : le disque, le javelot, le poids.

Le **disque** pèse 2 kilos.

Le **poids** pèse 7,26 kilos pour les hommes, 4 kilos pour les femmes

Le **javelot** mesure 2,70 m pour les hommes 2,20 m pour les femmes.

47

Le club d'équitation

Les petits cavaliers ont fait leur entrée dans le manège. Le maître d'équitation, cravache à la main, les entraîne à un exercice difficile : le saut d'obstacle.

Le manège est l'endroit où l'on apprend à monter à cheval. Il est fermé par des barrières ou des petits murs en bois.

Quand on prend une leçon d'équitation dans un manège, on dit que l'on fait une **reprise**.

la **cravache**

Le **maître d'équitation** dirige la reprise. Il donne des conseils à ses élèves pour qu'ils fassent des progrès.

L'**obstacle** est une barrière, en bois ou en plastique, que le cheval doit franchir. Les barres tombent dès que le cheval les touche, pour qu'il ne se blesse pas.

Le **cavalier** est celui qui monte à cheval. Il ne faut pas confondre cavalier et chevalier. Le **chevalier** est un homme qui se bat à cheval.

Le sol du manège est recouvert de **sciure**. Cette poussière de bois, très douce, évite aux chevaux de se blesser et au cavalier de se faire mal en tombant.

Avant de monter en selle, il faut vérifier que le poney est en bonne santé et le préparer.

1. **Étriller** son poney, c'est le brosser.

2. Le poney aussi a le droit d'être bien coiffé !

3. **Curer les sabots** consiste à les nettoyer en les grattant.

4. On pose le **tapis de selle** avant de mettre la **selle**.

5. La **bride** comporte un **mors** et des **rênes**.

6. Il faut **bouchonner** son poney après l'effort.

7. Une ration de **céréales**. Le poney adore ça !

L'équipement

La **bombe** est une sorte de casquette dure, le plus souvent recouverte de velours noir. Elle protège la tête en cas de chute.

Les **bottes** peuvent être en cuir ou en plastique. Elles serrent le mollet.

Le cavalier met ses pieds dans les **étriers**. Ils sont fixés à la **selle**.

Le cirque

Mesdames et messieurs, tous les artistes du cirque se sont réunis sous ce chapiteau, pour vous présenter leurs plus beaux numéros !

L'**écuyère** fait des acrobaties sur son cheval lancé au galop.

Monsieur Loyal présente les artistes.

Les **jongleurs** lancent et rattrapent plusieurs balles en même temps.

Le **dompteur** sait se faire respecter de ses fauves. Mais attention ! Même dressés, les fauves restent dangereux.

50

Les **spectateurs** sont assis sur des **gradins** disposés tout autour de la piste.

Quand leur numéro est terminé, les animaux retournent dans leur **cage**.

Le sol est couvert de **sciure**, de la poussière de bois, pour que les artistes et les animaux ne se blessent pas.

Les **clowns** font rire le public en lui racontant des histoires et en faisant des pitreries.

Le **magicien** sait faire sortir des lapins de son chapeau…

En piste, les animaux !

Pour conduire les animaux dangereux jusqu'au chapiteau, on les met dans une petite cage sur roues que l'on appelle le "**sabot**". Les animaux doivent ensuite marcher dans un **tunnel** pour atteindre la piste.

Le parc d'attractions

Que de monde dans les allées, les stands et sur les manèges! Tout ici est fait pour s'amuser, même s'il faut faire la queue de temps en temps. Mais par où commencer?

le château hanté

La grande roue permet de voir le parc d'attractions de très haut.

la pêche à la ligne

Le **manège** tourne, tourne au son de la musique.

la grande roue

Au **stand de tir à la carabine**, il faut tirer sur des **cibles**. Si on vise juste, on peut gagner des cadeaux.

La **barbe à papa**, c'est bon et sucré… mais ça colle aux doigts !

Les **montagnes russes**, ce n'est pas pour les petits. Dans les **wagonnets** qui montent et descendent à toute vitesse sur des rails, ils pourraient avoir peur !

Les spectacles

Cinéma, théâtre, concerts, marionnettes… il y a plein de spectacles à voir quand on habite en ville.

1. le cinéma

Quelle joie d'aller voir un **dessin animé** au **cinéma**! Même si parfois, il faut faire la queue…

Dans la **salle**, dès que la lumière s'éteint, il faut arrêter de parler.

Le dessin animé est fait à partir de **dessins**.

Le **dessinateur** invente de très nombreux personnages.

La **coloriste** met chaque dessin en couleurs. Puis quelqu'un **filme**

ces dessins un par un. En les projetant vite, les personnages ont l'air de bouger.

2. le concert

Sur scène, la **cantatrice** chante un air d'opéra. Assis derrière son grand **piano à queue**, un **pianiste** l'accompagne en jouant de la musique.

3. le théâtre de marionnettes

Cachés derrière la scène, les **marionnettistes** font bouger les marionnettes en racontant les histoires. Ce sont leurs voix que l'on entend.

Assis dans la salle, les spectateurs ne voient que les **marionnettes**. Elles semblent parler et bouger toutes seules.

4. un après-midi au théâtre pour les enfants…

Les acteurs se déguisent avec des **costumes** pour aider à mieux comprendre quel personnage ils jouent.

Au théâtre, ce sont des **acteurs** et des **actrices** qui jouent. Ils ont appris par cœur tout ce qu'ils doivent dire.

En avant la musique !

C'est beau la musique ! Quand on l'écoute, on a envie de chanter, de danser et on ressent toutes sortes d'émotions.

Voici un orchestre classique. Le **chef d'orchestre** dirige les musiciens avec sa baguette. Les **musiciens** sont installés en demi-cercle : les **instruments à corde** devant, les **instruments à vent** derrière, et tout au fond les **percussions**.

La **fanfare** est un orchestre composé de cuivres : trompettes, saxophones, trombones et tuba.

Elle joue des airs entraînants, des marches, qui accompagnent les défilés.
La grosse caisse donne le **rythme**.

Les musiciens de **jazz** jouent de la trompette ou du saxophone qui répondent au piano et à la contrebasse.

Souvent, ils accompagnent un chanteur ou une chanteuse.
On dit que c'est un ou une **soliste**.

Bravo les artistes !

Dans un musée, on peut venir admirer des tableaux et des sculptures créés par des artistes.

Beaucoup de tableaux sont protégés par une **vitre** pour qu'ils ne s'abîment pas.

Les tableaux anciens sont souvent entourés d'un **cadre**. Certains sont très décorés.

Près des tableaux, un petit **panneau** indique le nom du tableau, le nom du peintre, la date à laquelle il l'a peint.

Quand on est fatigué ou pour mieux voir les grands tableaux, on peut s'asseoir sur des banquettes.

Un **surveillant** vérifie que personne ne touche aux œuvres d'art.

En regardant certaines **sculptures**, on reconnaît parfois très facilement ce que le sculpteur a représenté. Parfois il faut beaucoup chercher…

Certains **peintres** peignent d'après un **modèle** qui pose pour eux.
Ils travaillent généralement dans un **atelier**.
Chaque peintre a sa façon bien à lui de peindre. Son tableau est unique.

Un **sculpteur** peut utiliser de nombreux **matériaux** :
la terre, la pierre, le marbre, le fer, le bois. Mais aussi le plastique ou le fer.

Les trains

Attention au départ! Sur les quais, les voyageurs se dépêchent pour monter dans leur voiture.

❶ Le **chef de gare** surveille si tout se passe bien. C'est lui qui siffle le départ.

❷ Le **quai** est le trottoir qui longe les **voies**, où sont garés les trains.

❸ Les billets s'achètent aux **guichets**. Il faut les **composter** avant de partir.

Aujourd'hui les trains sont électriques. La prochaine fois que tu verras un train, observe-le bien. En levant le nez, tu remarqueras qu'il est relié à un câble électrique.

Les **trains de voyageurs** ne servent que pour les passagers.

Les **wagons céréaliers** transportent les céréales : le blé, le maïs, etc.
Sur les **porte-automobiles** sont rangées les voitures qui viennent d'être fabriquées.
Dans les **wagons-citernes** on met des liquides : du lait, de l'eau, de l'essence, etc.

Les **trains de marchandises** transportent beaucoup de produits lourds, comme le charbon, les pierres, le matériel de construction, etc.

Le **TGV** (Train à Grande Vitesse) est le train de transport des passagers le plus rapide du monde. Il peut rouler à 300 km/heure.

À l'aéroport

Les aéroports sont situés généralement à l'extérieur des villes, car il faut beaucoup de place pour toutes les installations : l'aérogare où se rassemblent les passagers, les longues pistes d'envol et d'atterrissage, les gros hangars des avions.

❶ La **piste** est une longue route toute droite sur laquelle les avions décollent et atterrissent.

❷ L'**aérogare** est le bâtiment où les passagers attendent avant d'embarquer, et où ils débarquent quand ils arrivent.

❸ Dans la **tour de contrôle**, les **aiguilleurs du ciel** suivent la position des avions grâce à des **radars**. Les aiguilleurs donnent au pilote l'autorisation de décoller ou d'atterrir quand la piste est libre.

❹ Les passagers n'ont pas le droit de marcher sur les pistes. Une **navette** les conduit à leur avion.

❺ Pour monter dans l'avion, les passagers empruntent une **passerelle d'embarquement**.

❻ Les bagages sont transportés à bord de **petits chariots** jusqu'aux avions.

L'équipage de l'avion est formé du **commandant de bord** qui dirige le vol, du **copilote** qui l'aide, des **hôtesses** et des **stewards** qui s'occupent des passagers pendant le vol.

9 Les **ailes** de l'avion lui permettent de rester en équilibre. C'est dans les ailes qu'est stocké le **carburant**, le liquide qui, en brûlant, permet à l'avion d'avancer.

10 Avions, camions, chariots sont garés dans des **hangars**.

Pendant le vol, l'avion est piloté par un **ordinateur**. C'est ce qu'on appelle le **pilotage automatique**.

7 La **soute** est la partie de l'avion dans laquelle on range les bagages.

8 Les petites fenêtres de l'avion s'appellent les **hublots**.

L'hélicoptère

Pour voler, l'hélicoptère n'a pas d'ailes mais des **pales** qui tournent. Il décolle et atterrit à la verticale, sans avoir besoin de rouler. Il peut aussi rester en l'air sans bouger. C'est pourquoi on s'en sert pour surveiller les routes, prendre des photos aériennes, ou pour intervenir dans des endroits difficiles comme la montagne ou la mer.

Les bateaux

Toutes sortes de bateaux naviguent sur les mers ou sur les fleuves. Les uns avancent avec leurs voiles, les autres grâce à leur moteur.

Les **cargos** sont spécialement conçus pour le transport des marchandises.

canots de sauvetage

cheminée

poupe

Les **paquebots** sont d'énormes bateaux conçus pour le transport des passagers. Certains peuvent être si longs qu'il faut une bicyclette pour se rendre d'un bout du pont à l'autre.

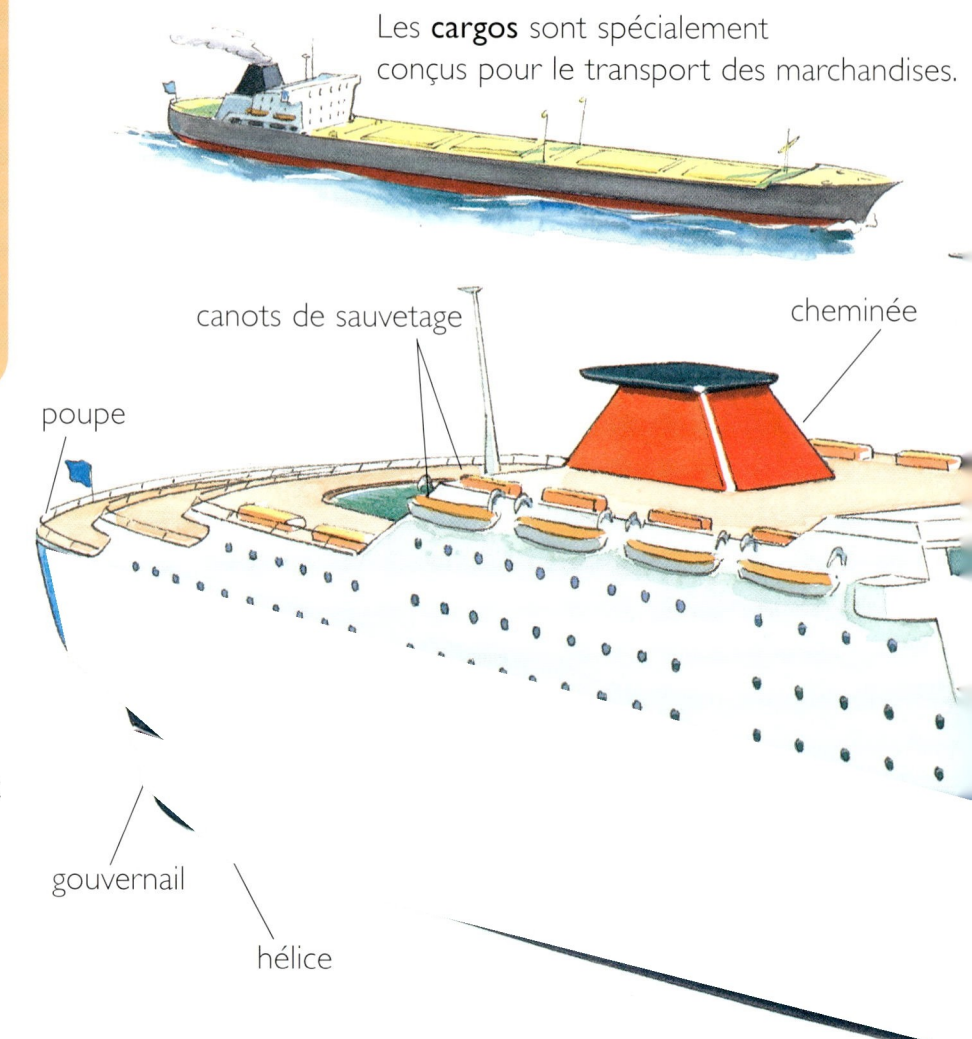

gouvernail

hélice

Les **sous-marins** peuvent naviguer sous l'eau pendant plusieurs semaines. Ils avancent grâce à une **hélice** placée à l'arrière de l'appareil et à d'énormes moteurs cachés dans la partie basse de la coque. Le **périscope** permet de regarder au-dessus de la surface de l'eau.

Les **vedettes** sont de puissants bateaux à moteur.

Les **chalutiers** sont des bateaux de pêche.

radar

passerelle de commandement

proue

- ancre

coque

C'est la force du vent qui fait avancer les **voiliers**.

La **jonque** est un voilier chinois.

Hommes de la mer

Les **marins-pêcheurs** partent en mer pour pêcher les poissons.

Ils partent souvent plusieurs jours en haute mer.

Le **capitaine** commande les gros navires de commerce.

Le **navigateur** voyage sur la mer. Quand il est seul, c'est un **navigateur solitaire**.

Autos, vélos, motos...

Les voitures, les motos, les bus sont équipés d'un moteur qui leur permet d'avancer vite. Une bicyclette, un skateboard roulent grâce à la force de tes muscles.

Avant d'apprendre à faire du vélo à deux roues, les petits enfants apprennent à tenir en équilibre sur un **vélo équipé de deux petites roues** stabilisatrices à l'arrière. Cela leur évite de tomber.

Le **skateboard** est une planche munie de roulettes. Il faut beaucoup d'adresse pour arriver à la faire avancer en gardant l'équilibre.

Les débuts à **bicyclette** ne sont pas toujours faciles.

Les **rollers** sont des grosses chaussures équipée de roulettes.

Les **patins à roulettes** s'attachent à n'importe quelles chaussures.

C'est le grand jour du départ en vacances. Toutes les valises ont été rangées dans le coffre ou attachées sur le toit de la voiture. Les passagers ont pris place à bord du car. Mais voilà, les voitures et les cars ne peuvent plus avancer : il y a un gros embouteillage.

À toute vitesse

Les voitures de course sont bien plus rapides que les voitures ordinaires. Elles peuvent rouler à plus de 300 km/h. Leur moteur est très puissant et leurs roues sont plus larges pour bien rester sur la route. Elles sont aussi plus basses pour que le vent ne les ralentisse pas.

Sur un **scooter**, on ne pose pas ses pieds sur les pédales.

Certaines **motos** permettent de passer n'importe où, de grimper sur des talus, de rouler dans les bois.

Les **grosses motos** des policiers ont des moteurs très puissants. Elles sont équipées d'une radio.

Les tunnels

Pour franchir des hautes montagnes sans avoir à les contourner, on creuse des tunnels. Ils peuvent aussi passer sous les fleuves et même sous la mer.

Avant de commencer les travaux, il faut s'assurer qu'ils sont faisables. Un **géomètre** étudie le terrain et fait ses repérages.

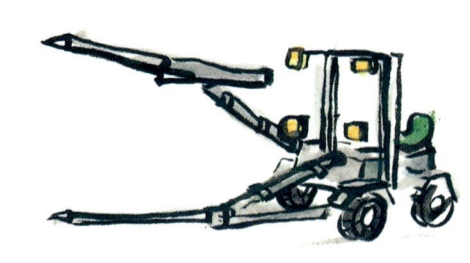

Si la roche est dure, une machine, la **perforatrice**, perce des trous. On y place des explosifs qui font éclater la roche.

Pour que les gaz d'échappement des voitures ne restent pas dans le tunnel, des **bouches d'aération** ont été construites. La fumée peut ainsi s'échapper.

Si la roche est tendre, on utilise une autre machine, le **tunnelier**, équipée de grands disques coupants. La machine découpe la roche en avançant.

Une fois la roche découpée, on consolide le tunnel avec une **armature** d'acier et de béton.

Dans le tunnel, il fait très sombre et les voitures ne doivent pas oublier d'allumer leurs **phares**.

La campagne

Des champs de blé ou de maïs, des troupeaux de vaches ou de moutons des vignobles, des villages… c'est la campagne.

Certains fermiers élèvent des **vaches** pour recueillir leur lait. On peut le boire ou en faire du beurre et du fromage. D'autres élèvent des vaches pour leur viande, la viande de bœuf.

Dans les régions où il pleut souvent, l'herbe est bien verte.

L'**éleveur** s'assure que les bêtes de son troupeau vont bien.

Les vaches **paissent** dans le pré : elles **broutent** de l'herbe.

L'**abreuvoir** est un réservoir d'eau. C'est là que les animaux viennent boire.

Dans le Midi, on cultive la vigne et l'olivier. Dans les **vignobles**, les **vignes** sont plantées bien alignées. Le raisin pousse en **grappes** sur les vignes. On cueille le **raisin** à la fin de l'été, pour le manger et surtout pour faire du **vin**. Les olives sont les fruits de l'**olivier**. Avec les olives, on peut faire de l'**huile**.

Le cycle des cultures

Au début de l'hiver, l'agriculteur **sème** des **graines** dans la terre.

Au printemps, des jeunes **pousses** apparaissent. À la fin de l'été, elles sont prêtes à être cueillies.

Une énorme machine, la **moissonneuse-batteuse**, permet à l'agriculteur de couper et trier les plantes. C'est la **moisson**.

Avec le **blé** et le **maïs**, on fait de la farine. Le **colza** et le **maïs** servent à faire de l'huile. La **betterave** sert à nourrir les animaux.

La ferme

Il y a toujours quelque chose à faire à la ferme : il faut nourrir les bêtes, les soigner, traire les vaches, préparer les travaux des champs, entretenir les machines…

Canards, poules, dindons et oies vivent dans la **basse-cour**.

La **bergerie** abrite les moutons.

Les vaches dorment dans l'**étable**.

La **paille** sert de matelas (litière) aux animaux l'hiver.

Le **fumier** sent mauvais. Il est constitué des excréments des animaux et de la vieille paille sur laquelle ils ont dormi.

La **moissonneuse-batteuse** sert à faire la moisson.

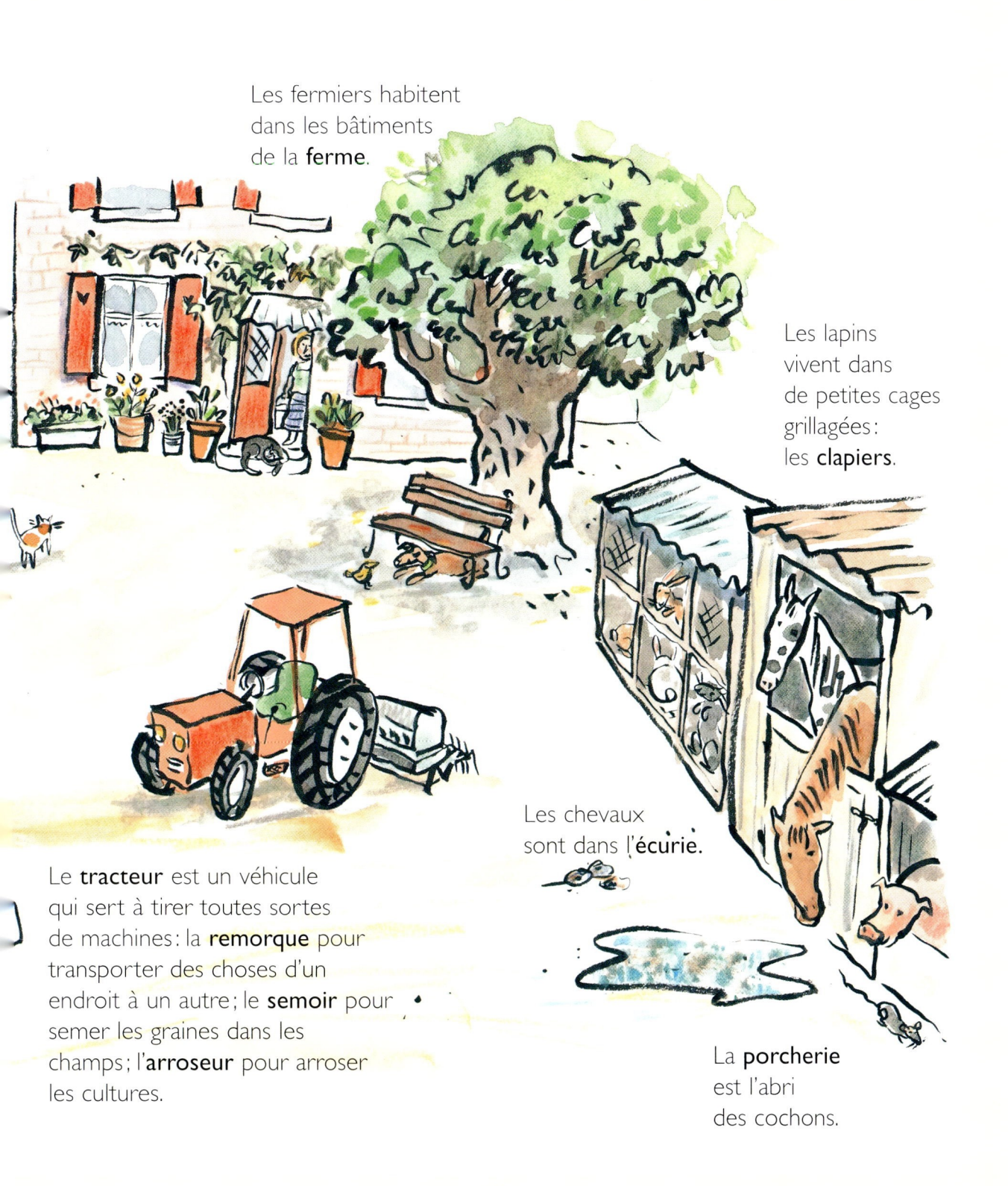

Les fermiers habitent dans les bâtiments de la **ferme**.

Les lapins vivent dans de petites cages grillagées : les **clapiers**.

Le **tracteur** est un véhicule qui sert à tirer toutes sortes de machines : la **remorque** pour transporter des choses d'un endroit à un autre ; le **semoir** pour semer les graines dans les champs ; l'**arroseur** pour arroser les cultures.

Les chevaux sont dans l'**écurie**.

La **porcherie** est l'abri des cochons.

Les fleuves, les rivières, les lacs…

Le fleuve est une large rivière sur laquelle des péniches peuvent naviguer. Certains fleuves sont si longs qu'ils traversent plusieurs régions ou plusieurs pays. Tous les fleuves n'ont pas la même largeur, mais tous se jettent dans la mer.

Les cours d'eau

Un **ru** est un minuscule ruisseau qui ressemble à un filet d'eau.

Une **rivière** est un cours d'eau qui se jette dans un autre cours d'eau.

hop!

Un **ruisseau** est un petit cours d'eau, peu profond.

Un **fleuve** est un cours d'eau qui se jette dans la mer.

Les eaux dormantes

Les eaux des mares, des étangs et des lacs **ne coulent pas**.

Un **étang** se forme quand un creux du sol s'est rempli d'eau provenant de la pluie ou d'un ruisseau.

Gare à la pollution!
Le long des fleuves, il y a souvent des **usines**. On fait de plus en plus attention à ce qu'elles ne polluent pas l'eau en rejetant des produits dangereux.

Une **mare** est une petite étendue d'eau.

Un **lac** est un très grand étang. Il existe des lacs si grands qu'on dirait des mers!

Les grottes

À certains endroits, sous la surface de la Terre, le sol est troué comme un morceau de gruyère. Ces cavités s'appellent des grottes, des gouffres et des cavernes. Certaines ont déjà été explorées. D'autres n'ont pas encore été découvertes.

❶ Une grotte se forme, quand l'eau d'un ruisseau s'est **infiltrée** petit à petit dans une fissure d'un rocher. Si ce rocher n'est pas trop dur, l'eau continue pendant des milliers d'années à le creuser de plus en plus profondément.

❷ Parfois, au fond d'une grotte, l'eau qui s'est infiltrée forme une **rivière souterraine**.

❸ Dans la grotte, de l'eau coule goutte à goutte du plafond, la **voûte**. Elle entraîne avec elle de minuscules morceaux de roche. Il se forme alors une **stalactite**. C'est une sorte de sculpture de pierre qui descend en pointe vers le sol.

❹ Quand, au contraire, cette sculpture monte du sol vers le plafond, on l'appelle une **stalagmite**.

❺ Quand une stalactite et une stalagmite se rejoignent, il se forme une **colonne**.

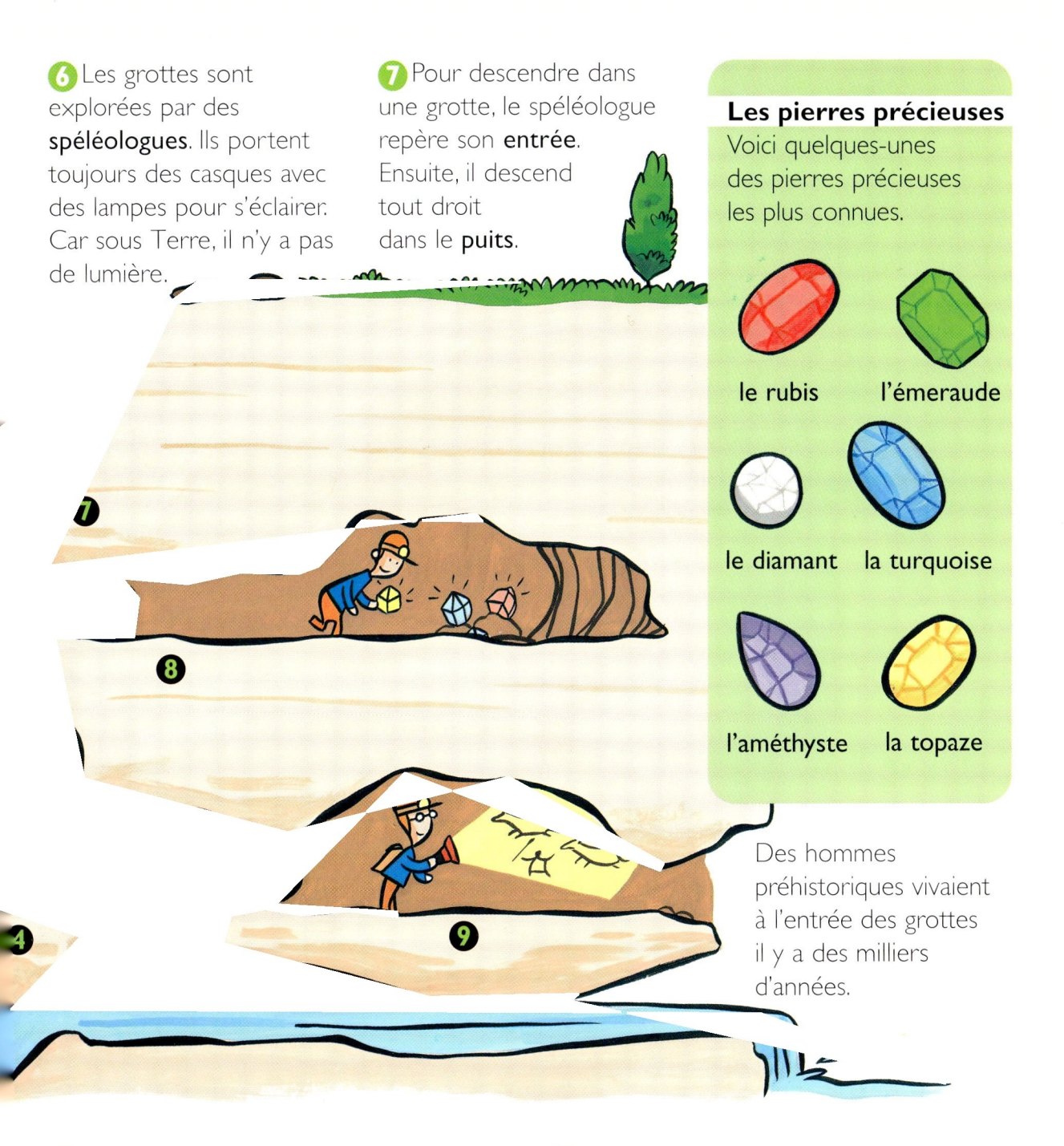

6 Les grottes sont explorées par des **spéléologues**. Ils portent toujours des casques avec des lampes pour s'éclairer. Car sous Terre, il n'y a pas de lumière.

7 Pour descendre dans une grotte, le spéléologue repère son **entrée**. Ensuite, il descend tout droit dans le **puits**.

Les pierres précieuses

Voici quelques-unes des pierres précieuses les plus connues.

le rubis   l'émeraude

le diamant   la turquoise

l'améthyste   la topaze

Des hommes préhistoriques vivaient à l'entrée des grottes il y a des milliers d'années.

8 Les grottes sont souvent reliées entre elles par des **galeries**. Certaines sont si étroites que les spéléologues doivent se pencher pour avancer.

9 Parfois les spéléologues font des découvertes extraordinaires, comme des **fresques** peintes sur les murs par les hommes préhistoriques.

Au bord de la mer

Au bord
de la mer,
il y a des plages
de sable,
des dunes,
des falaises
ou des rochers.
Il y a aussi
des ports pour
les bateaux.

❶ **La jetée** protège le port des vagues.

❷ La lumière du **phare** sert à indiquer aux bateaux, la nuit, l'entrée du port.

❸ Sur certaines côtes, il n'y a que des **rochers** qui tombent dans la mer, et pas de plages de sable.

4 La **mer** est bleue quand elle reflète le bleu du ciel. Elle est grise quand le ciel est nuageux. Elle peut aussi être verte ou brune, à cause des algues et des tout petits animaux qui y vivent.

5 Le **sable** est constitué de minuscules **morceaux de coquillages et de rochers,** usés par les mouvements des vagues. C'est pour cela que le sable de la plage est fait de petits grains, plus ou moins fins.

La **marée** est un phénomène qui fait **monter** et **descendre** régulièrement le niveau de la mer. À marée haute, une partie de la plage est recouverte par la mer. À marée basse, la mer se retire. En vingt-quatre heures, la mer monte et descend deux fois.

La mer est salée…

Les fleuves, en coulant vers la mer, arrachent sur leur passage des petites quantités de **sel** contenues dans les roches. L'eau de pluie, en pénétrant dans le sol, fait la même chose. Quand cette eau se jette dans la mer, elle y déverse le sel qu'elle contient.

Sous la mer

Tout un monde vit sous la surface de la mer. Il y a de la végétation, qui ne ressemble pas vraiment à celle qui pousse sur la Terre. Et surtout des poissons de toutes sortes…

Les **algues** sont des plantes qui poussent dans la mer. Il en existe différentes sortes.

Un groupe de poissons qui nagent ensemble s'appelle un **banc de poissons**.

À cause des palmes qu'ils ont aux pieds pour nager plus vite, on appelle les plongeurs des **hommes-grenouilles**.

Une **épave** est ce qu'il reste de la carcasse d'un bateau qui a coulé.

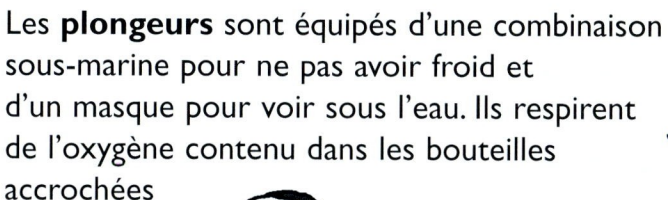

Les **plongeurs** sont équipés d'une combinaison sous-marine pour ne pas avoir froid et d'un masque pour voir sous l'eau. Ils respirent de l'oxygène contenu dans les bouteilles accrochées sur leur dos.

Le **submersible** est un petit engin avec un moteur qui permet de descendre très profondément, pour observer le fond des mers et des océans.

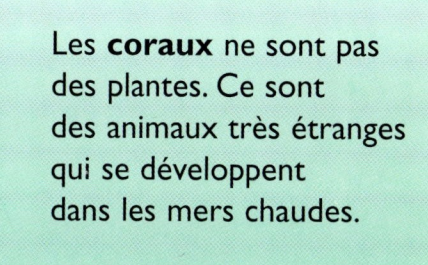

Les **coraux** ne sont pas des plantes. Ce sont des animaux très étranges qui se développent dans les mers chaudes.

Les **crabes** et les **homards** sont des **crustacés**.

La forêt

À la fin de l'été, la forêt est vraiment belle. Les feuilles des arbres commencent à tomber. À l'automne, elles couvriront le sol d'un épais tapis doré qui crisse sous les pieds.

Les **troncs** des arbres coupés ont été rangés en tas par les **bûcherons**.

Certains **champignons** sont bons à manger: on dit qu'ils sont **comestibles**. D'autres sont dangereux pour la santé: on dit qu'ils sont **vénéneux**. Tu ne dois jamais toucher ou ramasser un champignon que tu ne connais pas.

La **girolle**

Le **cèpe**

Le **lactaire**

Le **bolet**

La **morille**

Attention! L'amanite est un **champignon** mortel.

Beaucoup d'**oiseaux** vivent dans la forêt. On les entend chanter. Parfois, on les voit voler.

À l'automne, les **nids** des oiseaux sont vides. Leurs petits, qui sont nés au printemps, se sont déjà envolés.

L'**écureuil** fait des provisions de noisettes et de glands avant l'hiver.

Dans la **clairière**, il y a un peu plus de lumière, les arbres sont moins rapprochés les uns des autres.

Les **cerfs** et les **biches** se cachent au fond des bois. Ils ont peur des chasseurs et des promeneurs.

Les **glands** sont les fruits du chêne.

Les **hérissons** ont le corps couvert de piquants. Quand ils ont peur, ils se roulent en boule pour se protéger.

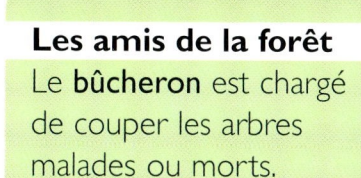

Les amis de la forêt

Le **bûcheron** est chargé de couper les arbres malades ou morts.

Le **forestier** surveille l'état de la forêt. Il décide s'il faut abattre ou replanter des arbres.

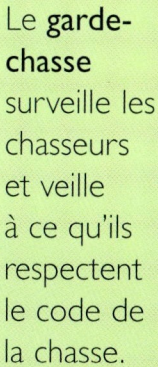

Le **garde-chasse** surveille les chasseurs et veille à ce qu'ils respectent le code de la chasse.

La montagne en été

En été, après la fonte des neiges, la montagne revit. Les animaux sortent de leur abri pour manger herbes et baies.

Le **deltaplane** permet de planer dans les airs. À la différence d'un avion, il n'a pas de moteur. Ce sont les courants de l'air qui lui permettent d'avancer et de se diriger.

Les **randonneurs** font de longues marches à pied.

Les **vaches** passent l'été dans les alpages, les prés des montagnes.

Les **alpinistes** qui escaladent des parois rocheuses s'appellent des **varappeurs**. On dit qu'ils font de la **varappe**.

L'estivage
Les vaches passent tout l'hiver à la ferme, en bas dans la vallée. Dès qu'il commence à faire beau, on les sort de leurs étables pour les conduire jusqu'aux pâturages d'été. C'est ce que l'on appelle l'**estivage**. À l'automne, avant que la neige ne se remette à tomber, les vaches font le voyage dans l'autre sens pour retourner se mettre à l'abri, au chaud.

Au sommet des plus hautes montagnes, la neige ne fond jamais : ce sont les **neiges éternelles**.

Assises sur leur derrière, à côté de leurs terriers, les **marmottes** profitent du soleil en surveillant ce qui se passe autour d'elles.

Les **chamois** ont des sabots qui leur permettent d'escalader les rochers.

Seuls les arbustes arrivent à pousser sur les hauteurs des montagnes. Plus bas, il y a des **conifères**, des sapins ou des mélèzes.

En bas des montagnes, il y a des forêts avec des arbres qui perdent leurs feuilles en hiver : des **chênes**, des **hêtres**, etc.

La montagne en hiver

En hiver, les montagnes sont recouvertes d'un épais manteau blanc. Il n'y a plus une touffe d'herbe, les branches des sapins ploient sous le poids de la neige et les animaux se blottissent sous les rochers. Place aux skieurs !

Pour accéder au sommet des plus hautes pistes, les skieurs prennent la **télécabine**.

L'hiver, les marmottes **hibernent** : elles tombent dans un profond sommeil pendant plusieurs mois.

Pour atteindre le départ de certaines pistes, les skieurs se font tirer par le **téléski** ou "**tire-fesses**".

Risque d'avalanche
Une avalanche, c'est beaucoup de neige qui se détache brusquement de la montagne et entraîne tout sur son passage. Les skieurs doivent faire attention aux avalanches.

De plus en plus de skieurs pratiquent le **surf**. Leurs deux pieds sont fixés sur un ski unique.

Les enfants doivent porter un **casque** pour protéger leur tête en cas de chute.

87

Une journée de 24 heures

À chaque moment de la journée, on a quelque chose à faire : se lever, manger, se laver, travailler, jouer, dormir…

Il est 7 heures, l'heure de se réveiller.

La journée commence par un bon petit déjeuner.

Avant de sortir, il faut s'habiller.

8 heures 30, la cloche sonne : il est l'heure de rentrer en classe.

Pendant la matinée, les enfants travaillent à l'école.

À midi, beaucoup restent déjeuner à la cantine.

En début d'après-midi, les activités continuent.

16 heures 30,
l'école est finie.

C'est maintenant
le moment de goûter.

7 jours, une semaine

En fin d'après-midi,
c'est l'heure de prendre un bain.

La soirée commence,
il est temps de dîner.

C'est agréable d'écouter une histoire
avant de s'endormir.

Un dernier câlin,
et bonne nuit…

Les douze mois de l'année

automne

Septembre
Les vacances sont finies.
C'est la rentrée des classes.

Octobre
L'automne est là. Les arbres
perdent leurs feuilles.

Novembre
L'hiver approche.
Les journées sont courtes.

hiver

Décembre
Bientôt Noël,
le sapin et les cadeaux…

Janvier
Le 1er janvier, une nouvelle
année commence.

Février
Il fait froid. Certains ont
la chance de faire du ski…

printemps

Mars
Les beaux jours arrivent.
C'est le printemps.

Avril
Le 1er avril, toutes
les farces sont permises…

Mai
Il y a plein de fêtes, et
surtout celle des mamans !

été

Juin
Les fruits de l'été
arrivent sur les marchés.

Juillet
L'école est finie. Bientôt
le départ en vacances…

Août
Quelle joie de jouer
dans les vagues !

Les quatre saisons

En France et en Europe, l'année est découpée en quatre saisons qui durent chacune trois mois. À chaque saison, le climat change, ainsi que la végétation. On ne s'habille pas de la même manière.

En **automne**, la température se rafraîchit et les jours raccourcissent. Les feuilles des arbres deviennent rousses. Au premier grand coup de vent, elles tombent en virevoltant. Certains oiseaux s'envolent vers les pays chauds.

L'**hiver** est la saison la plus froide. Il fait nuit très tôt, et le matin, quand on se réveille, il fait encore tout noir. Il n'y a plus de feuilles sur les arbres et parfois il neige. Il faut bien se couvrir pour sortir.

Au **printemps**, il commence à faire un peu plus chaud. Les premières feuilles et les fleurs apparaissent. Il fait nuit moins longtemps.

L'**été** est la saison la plus chaude de l'année. Le soleil brille haut dans le ciel. Les arbres fruitiers sont couverts de fruits mûrs.

Noël en été...

À l'autre bout du monde, en Australie par exemple, les saisons sont inversées par rapport aux nôtres. L'été commence le 21 décembre. Le jour de Noël, le 25 décembre, il fait très chaud. Les Australiens peuvent fêter Noël en tee-shirt dans leur jardin !

L'hiver au chaud

À l'automne, beaucoup d'oiseaux (les cigognes, les oies sauvages, etc.) s'envolent pour les pays chauds où ils passent l'hiver. On appelle les oiseaux qui effectuent ces longs voyages des oiseaux **migrateurs**. Ils reviennent au printemps, dès qu'il commence à faire moins froid.

Quel temps fait-il ?

L'air qui entoure la Terre n'arrête pas de bouger. Il monte et descend, se réchauffe ou se refroidit, se charge d'eau ou s'assèche selon les endroits qu'il traverse. Ce sont tous ces mouvements de l'air qui font la pluie et le beau temps.

Le ciel est chargé de nuages gris. La pluie tombe sans répit.

Les champs sont couverts d'un épais manteau de neige. Le ciel est bleu mais le froid est vif.

Le soleil est haut dans le ciel. Il fait chaud, la lumière est éblouissante. Il faut protéger ses yeux

Pas question de sortir sans son imperméable ou son parapluie !

Un temps idéal pour faire des batailles de boules de neige.

avec des lunettes de soleil et ne pas oublier de boire beaucoup.

Connaître le temps

Tous les jours, à la télévision, à la radio et dans le journal, tu peux connaître le temps qu'il fera demain et les jours suivants. Tu sauras si le temps sera

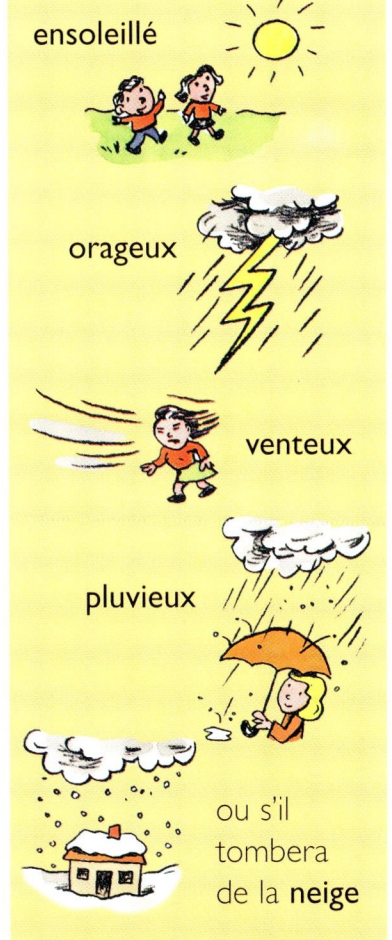

ensoleillé

orageux

venteux

pluvieux

ou s'il tombera de la **neige**

La personne qui étudie le temps est le **météorologue**.

Nuages et pluie

Les nuages sont faits de millions de gouttelettes d'eau ou de minuscules cristaux de glace, suspendus dans l'air. Lorsque ces gouttelettes se rejoignent, elles deviennent trop lourdes pour rester en l'air. Elles tombent : c'est la pluie !

L'**eau** des mers, des rivières et des plantes s'**évapore** à la chaleur du soleil. Cette **vapeur** d'eau monte dans le ciel et forme des **nuages**. Quand les gouttelettes d'eau des nuages deviennent trop lourdes, elles retombent sous forme de **pluie**.

Tous les nuages n'ont pas la même forme. Les **cumulo-nimbus** sont les plus gros. Ils apportent des pluies violentes et de la grêle.
Les **stratus** sont des nuages bas dans le ciel. Ils forment comme un rideau gris.
Les **cirrus** sont les nuages les plus hauts dans le ciel. Ils forment des traînées blanches.

Certains gros nuages sont chargés d'électricité.
Il arrive qu'une violente décharge électrique éclate :
c'est la **foudre**. Elle s'accompagne d'**éclairs**
et de coups de **tonnerre**.

Quand il fait très froid, les gouttes d'eau des nuages
gèlent et se transforment en petits morceaux de glace.
En tombant, ces petits morceaux se regroupent :
ce sont les **flocons de neige**.

Les mots de la pluie

Il existe différents mots pour désigner la pluie, selon qu'il s'agit d'une pluie fine ou d'une pluie forte. Le **crachin** est une pluie de gouttelettes très fines ; une **averse**, c'est quand il se met tout à coup à pleuvoir très fort ; une **ondée**, c'est une pluie qui dure peu de temps.

L'arc-en-ciel

La lumière du soleil qui passe à travers les gouttes de pluie forme un **arc-en-ciel**. On distingue sept couleurs : violet, indigo, bleu, vert, jaune, orangé, rouge.

On le voit quand le soleil est derrière nous et la pluie en face.

Avis de tempête

L'air qui se déplace autour de la Terre provoque du vent.
Le vent souffle avec plus ou moins de force.
Et il ne souffle pas toujours dans la même direction.

Le vent doux

Quand il souffle un peu, mais pas trop fort, le **vent doux** permet de sortir les cerfs-volants.

La tempête

Parfois le vent se déchaîne au-dessus de la mer. Il soulève alors les vagues et provoque des **tempêtes**.

Le cyclone

Au-dessus des **mers chaudes**, le vent peut souffler avec une très grande violence. Quand un **cyclone** arrive sur les côtes, il détruit tout sur son passage.

La tornade

La **tornade** est un tourbillon de vent très violent qui naît **au-dessus des terres**. Elle se déplace à toute vitesse, et arrache tout.

Vocabulaire

Une **rafale**, c'est un coup de vent bref et violent.

Une **bourrasque**, c'est une grosse rafale, souvent accompagnée de pluie.

Un **tourbillon**, c'est du vent qui souffle en tournant sur lui-même, comme une toupie.

Les dinosaures

Il y a très très longtemps, bien avant que l'homme apparaisse sur Terre, vivaient des animaux extraordinaires : les dinosaures. Ils ont vécu pendant 140 millions d'années, puis ils ont disparu…

Le **vélociraptor** était un chasseur redoutable et extrêmement rapide (véloce,

Le **stégosaure** avait d'énormes piquants sur le dos… et une toute petite tête.

Le **tyrannosaure** était l'un des plus redoutables dinosaures. Carnivore, il s'attaquait aux autres dinosaures pour les manger. Ses dents pouvaient mesurer jusqu'à 20 cm de long. Ses pattes avant étaient petites et se terminaient par deux doigts griffus.

Les dinosaures étaient des **reptiles**. Ils avaient la peau recouverte d'écailles et pondaient des œufs. Ils étaient soit **carnivores**, soit **herbivores**.

Certains dinosaures pouvaient voler, comme les **ptérosaures**, les premiers reptiles volants. Ils se nourrissaient de poissons, qu'ils attrapaient en rasant l'eau.

Le **diplodocus** était l'un des plus grands dinosaures. Il mesurait 30 m de long. Il était aussi long que trois autobus placés les uns derrière les autres. Son **cou** aussi était très long. Il ne mangeait que des plantes.

Petits et grands

Il y avait des dinosaures de toutes les tailles.

Échinodon 60 cm

Stegoceras 2 m

Torosaurus 7 m 50

Tarbosaurus 14 m

Le plus grand dinosaure était le **seismosaurus**, « celui qui fait trembler la terre ». Il était aussi gros que 18 éléphants.

Le **tricératops**, avait trois puissantes cornes et une collerette qui entourait son cou. C'était aussi un mangeur d'herbe.

À la recherche des dinosaures

On a retrouvé les restes de plus de 500 espèces de dinosaures. Et ce n'est pas terminé… Les scientifiques découvrent, chaque année, de nouveaux dinosaures.

Le **paléontologue** est le spécialiste qui recherche et étudie les restes des dinosaures : les **fossiles**. Il nettoie les os et il tente de les assembler, comme s'il faisait un puzzle géant.

Personne n'a jamais vu de dinosaures vivants. Pourtant, nous savons à quoi ils ressemblaient et comment ils vivaient grâce à l'étude des empreintes, des os et des dents qu'ils ont laissés et que l'on a retrouvés.

On a découvert des **œufs** et des **nids** de dinosaures. Certains des œufs retrouvés contenaient encore le squelette de bébés dinosaures.

De terribles lézards

Le mot **dinosaure** vient du latin et signifie « terrible lézard ». En effet, les dinosaures font partie de la famille des reptiles, comme les serpents et les crocodiles. Comme eux, ils pondaient des œufs.

Au **muséum**, on peut voir les squelettes reconstitués de certains dinosaures.

Les mammifères préhistoriques

Après la disparition des dinosaures, les mammifères ont peuplé toute la Terre.

Au temps des dinosaures, les mammifères n'étaient pas plus gros que des souris. Quand les dinosaures ont disparu, les mammifères ont pu devenir de plus en plus gros et de plus en plus nombreux. Amuse-toi à découvrir les ancêtres des animaux que tu connais.

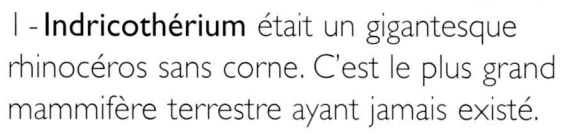

1 - **Indricothérium** était un gigantesque rhinocéros sans corne. C'est le plus grand mammifère terrestre ayant jamais existé.
2 - **Siamopithèque** est le premier singe.
3 - **Arsinoitherium** et **Brontotherium** portaient chacun des cornes sur le nez, **Brontotherium** est un cousin du rhinocéros. 4 - **Entelodon** était un phacochère géant. 5 - **Hyaenodon** ressemblait à une hyène. 6 - **Megatherium** était un paresseux géant. Il vivait au sol. Le paresseux actuel vit dans les arbres.
7 - Le **mastodonte** était une sorte d'éléphant gigantesque. 8 - Le **loup**, 9 - le **lièvre**, 10 - le **tapir** étaient beaucoup plus grands que ceux d'aujourd'hui.

1 - **Mésopithèque** vivait dans les arbres.
2 - **Smilodon**, le tigre à dents de sabre, est l'ancêtre du tigre. Il plantait ses énormes canines dans la gorge de ses victimes. 3 - **Mérychippus** était beaucoup plus petit que le cheval actuel.
4 - **Gomphothérium** avait quatre défenses, deux sur chaque mâchoire.

Ces animaux ont vécu au temps des hommes préhistoriques. 1 - Les **rennes** étaient très nombreux. 2 - Le **mammouth** avait d'énormes défenses recourbées qui pouvaient atteindre 5 m.
3 - L'**auroch** était un grand bœuf sauvage.

Les animaux familiers

Certains animaux ont été domestiqués par l'homme pour leur travail, ou pour lui tenir compagnie.

Les **chiens** sont des **canidés**, comme le renard et le loup. Il existe plus de 300 races de chiens domestiques. Les chiens ont du **flair** : ils ont un nez très sensible qui leur permet de sentir les choses de très loin et de les suivre à la trace.

le dogue

le lévrier

un chien de berger

le teckel

Les chiens et les chats ne sont pas les seuls **animaux de compagnie**. On peut aussi avoir chez soi :

des hamsters

un cochon d'Inde

des souris blanches

Les **chats** sont des **félins**, comme les tigres et les lions.
Mais ils sont beaucoup plus petits et bien plus câlins !
Il existe de nombreuses races de chats domestiques.
Les chats ont une **vue** perçante qui leur permet
de se promener la nuit sans se cogner.

le siamois

le chat de gouttière

le chat du Tibet

le persan

une tortue  — un lapin  — un oiseau

Le vétérinaire

Le vétérinaire est un médecin spécialisé qui soigne les animaux. Il leur fait des vaccins et il les opère quand ils sont malades.

Drôle de compagnon

Certaines personnes élèvent chez elles des **crocodiles** ou des **serpents**. Ces animaux sont sûrement plus heureux dans la nature que dans une maison. Tu ne crois pas ?

Les animaux de la ferme

Dans une ferme, il y a beaucoup d'animaux : des vaches, des moutons, des chevaux, des cochons, des chèvres…

❶ La **truie**, suivie de ses **porcelets**, quitte la **porcherie**. La fermière leur apporte la **pâtée**.

❷ Dans son **box**, la **jument** attend que la fermière change sa paille et lui apporte un seau d'avoine.

❸ Le fermier élève des **chèvres** pour leur lait, avec lequel on fait des fromages.

❹ Le **bélier** conduit le troupeau de **brebis** vers la **bergerie**. Le **chien** veille à ce qu'aucune bête ne s'éloigne du **troupeau**.
❺ Le fermier vient de **traire** les **vaches**. Ses bidons sont remplis de lait.

Avec du lait

Matin et soir, le fermier, ou la fermière, trait ses vaches. Leur lait est vendu à la laiterie. Il est traité pour en ôter les microbes. Puis il sert à faire tous les produits laitiers : les fromages, le beurre, les yaourts, les petits-suisses, etc.

Le sais-tu ?

Comment appelle-t-on les bébés de :
1 - la vache ?
2 - la jument ?
3 - la brebis ?
4 - la truie ?

Réponses : 1 - les veaux 2 - les poulains 3 - les agneaux 4 - les porcelets

Les animaux de la basse-cour

Dans une ferme, vivent aussi des animaux de la basse-cour : des poules, des dindons, des canards et des lapins.

Certains animaux de la basse-cour vivent en **liberté** dans la cour de la ferme, d'autres sont gardés dans des **cages** grillagées pour qu'ils ne puissent pas s'échapper et ne soient pas croqués par le renard.

Les **lapins** vivent dans des **clapiers**. Le fermier les nourrit avec des feuilles de salade, des carottes et d'autres légumes bien croquants.

La **pintade** a des plumes foncées à pois blancs. On dit que la pintade **criaille**.

Les **oies**, les **canards** ont les pattes **palmées**. On dit que l'oie **cacarde** et que le canard **cancane**.

On appelle **volaille**, l'ensemble des oiseaux de la basse-cour : poules, coqs, pintades, dindons, canards, oies, etc.

Les **poules** pondeuses ont pris place sur leur **perchoir** dans le **poulailler**.

es poules et urs poussins icorent.

Le **dindon** se reconnaît à son jabot rouge. On dit que le dindon **glougloute**.

Le **canard**, la **cane** et leurs **canetons** barbotent dans la mare.

Le sais-tu ?

Quelle est la maman
1 - des poussins ?
2 - des canetons ?
3 - des oisons ?
4 - des lapereaux ?
5 - des dindonneaux ?
Retrouve-les dans le dessin.

Réponses : 1. la poule - 2. la cane - 3. l'oie - 4. la lapine - 5. la dinde.

Les animaux des champs

À la campagne, il y a beaucoup d'animaux sauvages qui vivent dans les champs et dans les jardins. Certains ne sont pas appréciés car ils abîment les cultures et les plantations, en creusant des galeries souterraines ou en croquant les plantes.

❶ La **musaraigne** a un nez pointu et une queue aussi longue que son corps. Elle se nourrit d'insectes, de vers de terre et de sauterelles.

❷ Le **mulot** est un rat des champs. Il vit en bande et sait nager. Il a un gros appétit et mange tout ce qu'il peut trouver.

❸ La **perdrix** vit cachée dans le maïs. Quand elle s'envole au ras des champs, elle file comme une fusée.

❹ Le **hérisson** passe tout l'hiver caché sous un tas de feuilles. Au printemps, il se réveille pour aller à la chasse aux escargots, aux insectes et aux limaces. Dès qu'il est inquiet, il se roule en boule, protégé par son armure de piquants.

❺ La **taupe** creuse à toute vitesse des galeries sous la terre, grâce à ses grosses pattes avant en forme de pelle.

❻ Au printemps, l'**hirondelle** installe son nid dans une grange ou sous le toit d'une maison. Quand le temps est à la pluie, elle vole près du sol, en poussant des petits cris perçants.

❼ La **grive** est une petite cousine du merle et du rouge-gorge. Comme eux, c'est un oiseau qui chante très bien.

❽ Le **lièvre** a des oreilles plus longues que celles du lapin et il court plus vite. Il ne vit pas dans un terrier, mais dans un trou qu'il creuse dans la terre, juste assez grand pour lui permettre de s'allonger.

❾ Le **merle** est un petit oiseau fidèle : le mâle et la femelle ne se quittent jamais.

Les insectes

Il existe plus d'un million d'insectes. Ils sont, de loin, les animaux les plus nombreux sur la Planète. On en trouve sur tous les continents, mais il n'y en a presque pas dans la mer.

Un **insecte** a six pattes et un corps formé de trois parties : la tête, le thorax et l'abdomen.
Il existe des insectes avec des ailes et des insectes sans ailes.
Les petites bêtes qui ont huit pattes (comme l'araignée) ou plus (comme le 1000 pattes !) ne sont pas des insectes.

Certains insectes ont une **bouche** qui leur permet d'**aspirer** comme s'ils avaient une paille, d'autres, comme la coccinelle, ont des mâchoires pour **broyer**.

Les **yeux** comportent des milliers de **facettes** qui permettent à l'insecte de voir tout ce qui se passe autour de lui et de s'orienter en volant.

Tous les organes sensoriels sont sur la **tête**.

Les **ailes**

Les **antennes** lui permettent d'écouter, de sentir et de toucher.

L'**abdomen** renferme les viscères.

Le **thorax** porte une ou deux paires d'ailes et trois paires de pattes.

Chez certains insectes, l'abdomen se termine par un **aiguillon**, ou **dard**, qui leur permet de piquer.

Les **bourdons** sont de gros insectes velus, souvent noirs et jaunes. Leurs ailes font beaucoup de bruit lorsqu'ils volent.

Les **mouches** peuvent marcher, la tête en bas. Leurs deux pattes de devant sont équipées d'un coussinet qui fabrique une sorte de colle.

Lorsque la **guêpe** attaque, elle pique avec son dard pointu relié à une poche à venin.

Le **scarabée** roule sa boule de bouse qu'il mangera quand elle sera bien grosse.

C'est la femelle **moustique** qui pique. Le mâle se nourrit du nectar des fleurs.

La **coccinelle** a deux ailes dures aux couleurs éclatantes couvrant des ailes plus fines, qui lui servent à voler.

La vie des insectes

Plusieurs espèces d'insectes vivent en sociétés très organisées. Chacun a sa place et doit effectuer un travail bien précis. C'est le cas des abeilles et des fourmis, par exemple.

Les **abeilles** vivent en **colonies**, dans une **ruche**. Chaque colonie a sa **reine**, plus grosse que les autres. Elle est chargée de la ponte des œufs. Les **ouvrières** travaillent tout le temps. Elles ne pondent pas. Les **mâles** ne vivent pas avec la colonie toute l'année. Ils ne travaillent pas. Leur seule fonction est de s'accoupler avec la reine.

Les ouvrières fabriquent du miel avec le **pollen** des fleurs.

Les ouvrières prennent soin de la **reine**.

Les ouvrières construisent et réparent les **alvéoles**.

Les alvéoles sont faites de lamelles de **cire**.

Les ouvrières s'occupent des **larves**.

Le papillon pond ses **œufs** sur une feuille. Un bébé **chenille** (une **larve**) sort de chaque œuf. La larve se nourrit en mangeant la feuille sur laquelle elle est née. La chenille se transforme en une enveloppe dure : la **chrysalide**. À l'intérieur, son corps change. Le papillon est formé : il peut sortir de la chrysalide.

Les **fourmis**, comme les abeilles, sont organisées en société. Dans la fourmilière, vivent trois sortes de fourmis. La **reine** pond, les **mâles** fécondent la reine et les **ouvrières** transportent la nourriture ou s'occupent de la reine et des larves.

L'**araignée** tisse sa toile avec des fils humides qui sortent de son ventre. Sa **toile** est à la fois sa maison et son garde-manger. Quand un insecte cogne dans sa toile, il y reste collé. L'araignée se précipite alors pour l'entourer de fil… et le manger !

Mais attention ! N'oublie pas que l'araignée n'est pas un insecte.

Les animaux des villes

Il y a beaucoup d'oiseaux en ville parce qu'il y fait plus chaud qu'à la campagne. Les chaudières des immeubles, les fumées des usines et des voitures réchauffent l'air.

Quantité d'oiseaux, des **pigeons**, des **moineaux**, envahissent les villes où ils trouvent de quoi se nourrir. Dans certains pays, comme le Canada, on rencontre aussi fréquemment des **écureuils** dans les parcs.

Amuse-toi à retrouver tous les animaux que tu connais.

Les **rats** et les **souris**, sans que l'on s'en rende toujours compte, vivent aussi dans les villes. On dit qu'à Paris, il y a plus de rats et de souris que d'habitants !

On y trouve aussi quantité d'**insectes,** comme les coccinelles, les fourmis, les cafards et les punaises. Il est parfois nécessaire de s'en débarrasser.

Les acariens

Tout un peuple de minuscules petites bêtes vivent dans les tapis, les rideaux et les matelas des maisons. Ce sont des **acariens**. Quand on les regarde au microscope, ils ont l'air de véritables monstres…

Certaines personnes nourrissent les oiseaux de miettes de pain ou de gâteaux. Elles leur permettent ainsi de subsister et de se reproduire.

Les animaux des bois et des forêts

Dans les sous-bois et sur les arbres, vivent toutes sortes d'animaux. Très craintifs, ils sont souvent difficiles à apercevoir. Mais on peut les entendre si on ne fait pas de bruit, pour ne pas les effrayer.

❶ Le **hibou** dort toute la journée dans le creux d'un tronc d'arbre. La nuit, il se réveille pour aller chasser.

❷ Le **coucou** ne construit jamais de nid. Il préfère pondre ses œufs dans le nid des autres. Quand le bébé coucou sort de sa coquille, il est nourri par des parents qui ne sont pas les siens.

❸ Le **pivert** frappe pendant des heures le tronc des arbres avec son bec. Il finit par percer un petit trou dans l'écorce et se régale des larves qui vivent dessous.

❺ Le **cerf** est si beau qu'on l'a surnommé le « roi de la forêt ». Sa femelle, qui n'a pas de bois sur la tête, s'appelle la **biche** et leurs petits, les **faons**.

❻ L'**écureuil** est un vrai acrobate : c'est grâce à sa longue queue qu'il grimpe aux arbres sans tomber.

❼ L'**escargot** n'a pas de pattes. Il avance en rampant sur son grand « pied » musclé.

❽ Le **renard** est rusé. Il ne creuse jamais sa tanière. Il s'installe dans une tanière creusée par un autre animal !

❾ La **limace** est une espèce d'escargot, sans coquille sur le dos. Elle adore les champignons vénéneux !

❿ Le **hérisson** se nourrit d'insectes.

⓫ Le **blaireau** sort de son terrier, à la tombée de la nuit, pour chercher sa nourriture : vers de terre, escargots, etc.

❹ Le **sanglier** est un gros cochon sauvage. Sa femelle s'appelle la **laie**. Elle peut donner naissance à plus de dix petits **marcassins** en une seule fois !

Les animaux des lacs et rivières

La vie grouille au bord des plans d'eau et des rivières : sur les berges, cachée dans la végétation, sur et sous l'eau. Tout un monde d'animaux qui évolue au fil des mois et des heures.

❶ Les **canards sauvages** se posent sur les étangs, à la tombée de la nuit.

❷ Le **cygne** est un oiseau très lourd, qui a du mal à s'envoler.

❸ La **poule d'eau** a de longs doigts au bout des pattes pour ne pas s'enfoncer dans la vase.

❹ Le **martin-pêcheur** plonge dans l'eau comme une flèche pour attraper les poissons.

❺ Perché sur une patte, le **héron** guette sa proie.

❻ La **libellule** vole au ras de l'eau pour capturer des insectes.

❼ La femelle **moustique** pond ses œufs dans l'eau.

❽ Les **crapauds** et les grenouilles attrapent, d'un coup de langue, les insectes qui passent à leur portée.

❾ La **loutre** se nourrit de poissons et de grenouilles, en plongeant dans l'eau.

122

❶ Le **saumon** naît dans une rivière, puis il passe sa vie en mer. Pour pondre, avant de mourir, il retourne toujours dans la rivière où il est né. Il la remonte à contre-courant, en faisant de grands bonds hors de l'eau. C'est un voyage très fatigant qui dure plusieurs mois.

❷ L'**anguille** n'a pas d'écailles, mais une peau visqueuse. Elle naît très loin, dans l'océan Atlantique. Puis elle parcourt, en nageant, des milliers de kilomètres pour aller vivre dans une rivière. C'est une grande voyageuse.

❸ La **truite** ne peut vivre que dans de l'eau riche en oxygène, comme celle des torrents de montagne.

❹ L'**ours** se nourrit essentiellement de fruits et de baies. Il mange aussi des poissons qu'il attrape d'un coup de patte rapide.

Pour protéger sa hutte du courant, le **castor** construit, en travers de la rivière, un barrage fait de troncs d'arbres et de branches.

Les animaux de la savane africaine

**Dans les régions où il fait très sec, la terre est recouverte par la savane, une vaste étendue d'herbe.
La savane africaine accueille une multitude d'animaux herbivores et quelques grands carnivores.**

Les **vautours** sont des rapaces très utiles pour la savane car ils mangent les cadavres des animaux : les charognes. On dit que ce sont des **charognards**.

Les **gazelles** sont très rapides. Seul le guépard court plus vite qu'elles. Elles mangent de l'herbe.

Le **lion** est un carnivore. Il peut manger 35 kilos de viande en un seul repas. Mais il ne mange pas tous les jours. Il passe beaucoup de temps à dormir. La femelle du lion est la **lionne**. Elle n'a pas de crinière. C'est la lionne qui chasse. Les proies sont ensuite partagées avec le lion, les autres lionnes et les petits, les **lionceaux**.

Le **guépard** est l'animal le plus rapide de la savane. Il peut courir à 110 km/h pour attraper sa proie.

Le **phacochère** se nourrit de végétaux.

L'**autruche** est le plus grand oiseau du monde. Mais elle ne peut pas voler, car ses ailes sont trop petites. Elle s'enfuit en courant.

L'**hyène** ressemble
à un gros chien
à la puissante mâchoire.
Sa robe est tachetée.
Elle chasse en groupe.
Son cri ressemble à un rire.

Le **baobab** est aussi appelé
« l'arbre bouteille ».
Dès qu'il pleut, son tronc
se gorge d'eau. Il lui sert
de réservoir pendant
la saison sèche.

Les **zèbres** sont
des herbivores.
Ils vivent en troupeaux.
Cela leur permet
d'échapper plus facilement
aux griffes des guépards
et des lionnes.

Les **gnous** vivent
en immenses
troupeaux
qui se déplacent
sans cesse
à la recherche
d'herbe fraîche.

Le **rhinocéros** a deux cornes très dures, formées
de poils collés les uns aux autres. Dès qu'il le peut,
il se roule dans la boue pour se rafraîchir
et se débarrasser des insectes qui le piquent.

Les animaux de la savane africaine

Après des mois de sécheresse, la pluie tombe à nouveau. La savane revit. L'herbe pousse. Des mares et des étangs apparaissent. Autour de ces points d'eau, les animaux se regroupent pour boire enfin.

L'**éléphant** est le plus gros animal terrestre. Il peut peser plus de 6 tonnes (environ 8 voitures). Tous les jours, il mange 200 kilos de nourriture : de l'herbe, des feuilles et des fruits.

Avec sa **trompe**, l'éléphant s'asperge d'eau pour se rafraîchir. Elle lui sert aussi à boire et à attraper sa nourriture.
Le petit de l'éléphant est l'**éléphanteau**.

Les **flamants roses** vivent en colonies sur les grands lacs d'Afrique.

Le **crocodile** est un grand reptile qui pond ses œufs dans des gros nids en terre qu'il construit au bord des points d'eau.

La **girafe** est tellement grande qu'elle doit se pencher en avant, en écartant les pattes de devant, pour arriver à boire dans une mare. Le petit de la girafe est le **girafon**.

Vitesses de course

Guépard	+100 km/h
Gazelle	80 km/h
Autruche	64 km/h
Zèbre	64 km/h
Lion	58 km/h
Girafe	51 km/h
Éléphant	40 km/h
Homme	32 km/h

Qui mange quoi ?

Un **carnivore** est un animal qui se nourrit de viande.
Un **herbivore** est un animal qui se nourrit uniquement d'herbes et de plantes.
Un **omnivore** mange de tout.

L'**hippopotame** passe plus de 16 heures par jour dans l'eau.

Les animaux des forêts tropicales

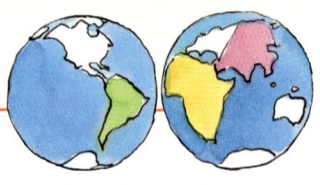

C'est dans les forêts tropicales, chaudes et humides, que vit le plus grand nombre d'animaux de la Planète.

Les forêts tropicales poussent dans les régions chaudes qui reçoivent beaucoup de pluies. Découvre les animaux qui y vivent.

🟡 **En Afrique** : 1. le python 2. le chimpanzé 3. le perroquet 4. l'okapi 5. le caméléon 6. le pangolin 7. le léopard 8. l'achatine.

🔴 **En Asie** : 1. l'éléphant 2. le gibbon 3. le tigre 4. le paon bleu 5. le tapir. 6 le crocodile.

🟢 **En Amérique du Sud** : 1. le toucan 2. le paresseux 3. l'atèle 4. la chauve-souris 5. le boa 6. le ouistiti mignon 7. le tapir 8. le tatou 9. le jaguar 10. le coati.

129

Les animaux des régions polaires

Les animaux de la banquise sont capables de résister au froid grâce à leur fourrure ou à une épaisse couche de graisse.

L'**ours polaire**, l'ours blanc, est le plus grand carnivore de la Terre. Grâce à son épaisse fourrure, il peut nager dans l'eau sans jamais avoir froid. Il se nourrit de phoques.

L'**éléphant de mer** est le plus gros de tous les phoques. Il peut mesurer 6 m de long et peser 3 tonnes ! Les mâles ont un nez en forme de petite trompe. D'où leur nom.

Le **phoque** est un bon nageur, mais sur la glace, il se déplace maladroitement en se dandinant.

L'**albatros** est le plus grand des oiseaux marins. Ses ailes immenses lui permettent de voler longtemps, au-dessus de la mer, sans se fatiguer.

Le **morse** est un gros phoque. Les mâles et les femelles ont deux grandes défenses en ivoire. Ils s'en servent pour se hisser hors de l'eau en les enfonçant dans la glace.

Trouvez l'intrus…

Attention ! Tous les animaux représentés sur le dessin ne vivent pas ensemble. La plupart vivent en Arctique, près du pôle Nord. Seul le **manchot** vit en Antarctique, près du pôle Sud. C'est un oiseau qui nage comme un poisson, qui marche, mais ne sait pas voler.

Le **renard polaire** est gris-bleu en été et blanc comme la neige en hiver. Dès qu'il commence à faire froid, son pelage s'épaissit.

Les mammifères marins

Tous ces animaux sont des mammifères marins. Leur bébé se développe dans le ventre de leur maman, qui les nourrit avec ses mammelles.

Le **dugong** est le seul mammifère marin qui ne se nourrit que de plantes. On l'appelle aussi « vache de mer ». C'est sans doute le dugong qui a inspiré la légende des sirènes. Sa tête ressemble à celle d'un homme ou d'une femme… mais vraiment pas belle !

L'**orque**, ou épaulard, est un redoutable chasseur d'otaries, de phoques et de poissons. Elle chasse en groupe et peut même s'attaquer à des baleines beaucoup plus grosses qu'elle.

À la différence du phoque, l'**otarie** a des oreilles visibles. Elle a aussi de plus grandes nageoires. Elle peut vivre dans l'eau et sur la terre.

La plus grosse baleine du monde est la **baleine bleue**. Elle peut mesurer 30 m de long et peser 135 tonnes (25 éléphants). Elle n'a pas de dents, mais des **fanons**, des rideaux de lames en corne qui lui permettent de filtrer l'eau, pour se nourrir.

Le plancton

Le plancton est la nourriture préférée de nombreux mammifères marins. Il est constitué d'**algues**, de **larves**, de **crustacés**, de **vers**, de **méduses**, si petits que l'on ne peut pas les voir à l'œil nu. Il faut un microscope pour les observer. Un seau d'eau de mer contient des millions d'organismes formant le plancton.

Le **cachalot** est une baleine à dents : il en a seulement sur la mâchoire du bas.

C'est le meilleur plongeur du monde : il descend à 1000 m de profondeur.

Le **marsouin** et le **dauphin** avancent en agitant leur queue de haut en bas.

Ils peuvent sauter à plus de 10 m de hauteur. C'est souvent pour jouer.

Les animaux des mers

Dans toutes les mers du monde, il y a des poissons et de nombreux autres animaux. Certains vivent sous la surface de l'eau, d'autres dans les profondeurs.

Il existe près de 250 espèces de **requins**. Le plus gros est le **requin baleine** ❶. Le **requin blanc** ❷ est aussi surnommé le « mangeur d'homme ».

❸ Le **thon** est un gros poisson qui peut mesurer 3 m de long. C'est un excellent nageur.

❹ La **sole** est un poisson plat, qui avance couché sur le côté. Elle vit dans les fonds sableux.

❺ Le **poisson-scie** doit son nom à son long **rostre** bordé de petites pointes. Il vit dans les eaux chaudes.

Les **requins** ont plusieurs rangées de dents très pointues. Quand ils en perdent une, une autre repousse immédiatement.

❼ Les **méduses** vivent à la surface de l'eau Elles se déplacent en ouvrant et en fermant leur corolle comme si c'était un parapluie.

❽ La **raie** est un poisson aplati aux énormes nageoires. Elle vit au fond des mers, à moitié enfouie dans le sable.

❾ Le **calamar**, la **seiche** et la **pieuvre** sont des **mollusques** : leur corps est mou, ils n'ont pas de squelette.

❿ L'**hippocampe** est un curieux petit poisson surnommé « cheval de la mer ». C'est le seul poisson qui nage debout. Il se déplace très lentement.

❻ L'**espadon** est un gros poisson qui vit dans les mers chaudes. À cause de son rostre pointu, on l'appelle aussi le poisson-épée.

Le corps du poisson

Tous les poissons vivent dans l'eau, dans la mer, les lacs ou les rivières. Pour respirer, ils se servent de leurs branchies. Ils n'ont pas de pattes mais des nageoires, formées de petits os, qui leur permettent de se déplacer.

Les branchies servent à respirer.

Le corps est recouvert d'écailles.

La nageoire dorsale est la nageoire du dos.

La queue est une nageoire.

135

Les animaux des bords de mer

Beaucoup d'animaux vivent au bord des côtes. Juste sous l'eau, sur la plage ou dans les rochers, tout un monde d'oiseaux, de coquillages et de crustacés cohabitent, parce que c'est là qu'ils trouvent leur nourriture.

Mouettes et **goélands** ont de longues ailes pour planer au-dessus de la mer, et des pattes palmées pour ne pas s'enfoncer dans le sable.

Les **crabes** sont des crustacés qui se déplacent sur leurs dix pattes, les pinces en l'air, et en marchant sur le côté.

Les **oursins** sont recouverts de longs piquants avec lesquels ils s'accrochent et se déplacent lentement sur les rochers.

Les **moules** se fixent aux rochers avec des filaments qui sortent de leur coquille et ressemblent à des poils épais.

Le **cormoran** est un grand voyageur qui peut voler pendant des kilomètres. C'est aussi un excellent plongeur qui peut attraper des poissons jusqu'à 10 m de profondeur !

Le **homard** se sert de ses énormes pinces pour casser la coquille de ses proies.

L'**huître** change de sexe au cours de sa vie. À sa naissance, c'est un mâle. En grandissant, elle devient une femelle.

Les **crevettes** sont les cousines des crabes, mais elles nagent bien mieux qu'eux.

Les **patelles**, les **balanes** et les **bigorneaux** s'accrochent aux rochers par un pied ventouse pour résister à la force des vagues.

Étonnants animaux d'Australie

À l'autre bout du monde, l'Australie est un immense continent entouré de tous les côtés par la mer, une sorte d'île géante. Là-bas, vivent des animaux qu'on ne trouve nulle part ailleurs.

Australie

Le **kangourou roux** vit dans les plaines du centre de l'Australie. Il peut faire des bonds gigantesques sur ses pattes arrière et avance très vite. Les femelles ont une poche sur le ventre dans laquelle le bébé vient se glisser à sa naissance, pour continuer de grandir, bien au chaud.

Le **dingo** est un grand chien sauvage de couleur jaune, qui s'attaque aux lapins et aux troupeaux de moutons.

Le **kiwi** est un oiseau qui ne peut pas voler. Ses ailes, dissimulées sous des plumes qui ressemblent à de longs poils, sont trop petites. Il dort dans un terrier.

L'**émeu** est le deuxième plus gros oiseau du monde, après l'autruche. Il est incapable de voler mais il court très vite. La femelle pond les œufs et le mâle les couve.

L'**ornithorynque** est un drôle d'animal qui vit dans les rivières. Il a un bec de canard, une queue de castor, de la fourrure sur le dos et des pattes palmées… Il pond des œufs, mais… c'est un mammifère !

Le **koala**, comme le kangourou, est un marsupial : la femelle a aussi une poche sur le ventre pour garder au chaud ses bébés. Il se nourrit uniquement de feuilles d'eucalyptus.

Les animaux en danger

Beaucoup d'animaux ont disparu de la Planète. Soit parce qu'ils ont été trop chassés, soit parce que l'homme a détruit les endroits où ils habitaient. Aujourd'hui, des animaux sont encore menacés de disparition. Mais la plupart sont maintenant protégés.

Plusieurs espèces de **tigres** ont déjà disparu. Les hommes les ont tués pour leur fourrure.

Le **paresseux** vit en Amérique du Sud. Il est menacé parce qu'on détruit la forêt où il vit.

L'**orang-outan** était capturé pour les zoos. Mais les bébés meurent loin de leur mère.

Les **panthères des neiges**, les **jaguars**, les **ocelots** ont longtemps été chassés pour leur belle fourrure.

Le **grand panda** vivait dans des forêts de bambous en Chine. On a détruit sa forêt pour faire des cultures et il n'avait plus rien à manger… Aujourd'hui, le panda vit dans des réserves.

Le **tapir malais** voit, lui aussi, sa forêt disparaître.

Le **rhinocéros à une corne** était chassé pour sa corne.

Le **gorille** d'Afrique est en danger parce qu'on détruit petit à petit les forêts où il vit.

Le **macareux moine**, qui vit sur les rivages de l'Atlantique Nord, a été victime des marées noires.

Le **loup** est chassé par les bergers qui craignent pour leurs troupeaux.

La belle fourrure blanche des bébés **phoques** était très appréciée.

Les **ours** bruns ont été chassés un peu partout.

Les **bisons** ont été massacrés au siècle dernier, en Amérique du Nord.

On ne les verra plus

Le **loup de Tasmanie** avait une poche sur le ventre, comme le kangourou. C'était un redoutable chasseur qui faisait peur aux hommes. Le dernier a été abattu en 1936.

Le **dodo** était un énorme oiseau qui pesait plus de 20 kg. Une chance pour les navigateurs qui débarquaient, affamés, quand ils découvraient une île lointaine ! Ils les ont tous massacrés, pour les manger !

La vie des arbres

Les arbres sont des plantes indispensables à la vie sur Terre. Ils absorbent le gaz carbonique, mauvais pour l'homme, et rejettent de l'oxygène. Grâce à leurs racines, ils stabilisent les terrains où ils poussent et ils empêchent le sol d'être emporté quand il pleut beaucoup.

Les **feuilles** sont presque toujours de couleur verte. Elles contiennent un colorant naturel, la **chlorophylle**, qu'elles fabriquent grâce à la lumière du soleil.

La **cime** est le sommet de l'arbre.

Les **branches** partent du tronc de l'arbre. Elles portent les feuilles, les fleurs et les fruits.

Le **tronc** est la partie de l'arbre qui va du sol aux branches. C'est sa tige. Le tronc grossit à mesure que l'arbre vieillit. Il est recouvert d'**écorce**.

Les **racines**, enfouies dans la terre, puisent l'eau et les sels minéraux. Elles se développent sous terre au fur et à mesure que l'arbre grandit.

1 Les **bourgeons** apparaissent sur les branches des arbres, au printemps.

2 Certains bourgeons donneront des **fleurs**, d'autres **3** des **feuilles**.

4 La **graine** se forme dans le pistil de la fleur.

5 Le **fruit** se développe autour d'une ou plusieurs graines.

Le tronc

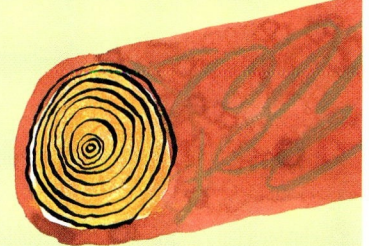

La **sève** monte des racines aux branches, par le tronc. L'**écorce** protège le tronc des maladies et des trop grandes variations de température. Quand le **tronc** de l'arbre est coupé, on voit des **anneaux**, ou cernes. Ils indiquent l'âge de l'arbre. Chaque année, le tronc compte un anneau de plus. L'arbre arrête de grandir pendant l'hiver.

De toutes les tailles…

L'arbre le plus grand du monde est un **séquoia**. Il mesure 83 m de haut, comme un immeuble de 20 étages. Les plus petits sont les **bonsaïs**, des arbres dont on taille les racines et les rameaux pour qu'ils restent nains.

Les arbres

Il existe de nombreuses variétés d'arbres. Leurs feuilles et leurs troncs n'ont ni la même forme, ni la même taille, ni la même couleur.

Les **feuillus**, comme le peuplier, le platane, ou le bouleau, ont de larges feuilles plates qui tombent en hiver. Ce sont des arbres à **feuilles caduques**.

Le **peuplier** pousse au bord des rivières. Ses feuilles font un joli bruit quand il y a du vent.

Le **platane** est un arbre que l'on voit le long des avenues et des routes. Son écorce se détache par plaques.

Les **palmiers** sont des arbres très répandus dans les pays chauds. Ils n'ont pas de branches, mais de grandes feuilles en éventail, des palmes.
Les **baobabs** poussent en Afrique. Leur tronc est un véritable réservoir d'eau.

Le **saule-pleureur** pousse au bord des lacs et des étangs. Ses branches retombent vers le sol.

Le **bouleau** a un tronc droit et mince, recouvert d'une fine écorce blanc argenté.

Le pin, le sapin, le mélèze sont des **conifères**. On les appelle ainsi car leurs graines poussent dans des cônes. Leurs feuilles sont des aiguilles. Elles restent sur l'arbre toute l'année, sauf celles du mélèze. On dit que ce sont des arbres à **feuilles persistantes**.

Le **mélèze** pousse sur les flancs ensoleillés des montagnes jusqu'à plus de 2000 m d'altitude.

Le **pin sylvestre** pousse dans les régions ensoleillées. Son tronc est élancé et ses aiguilles poussent en panache à son sommet.

Le **cyprès** ressemble à une fusée. Ses branches s'élèvent vers le ciel, mais il n'est pas très grand.

L'**if** est très feuillu et très touffu. Il n'a pas de cônes, mais des baies rouges.

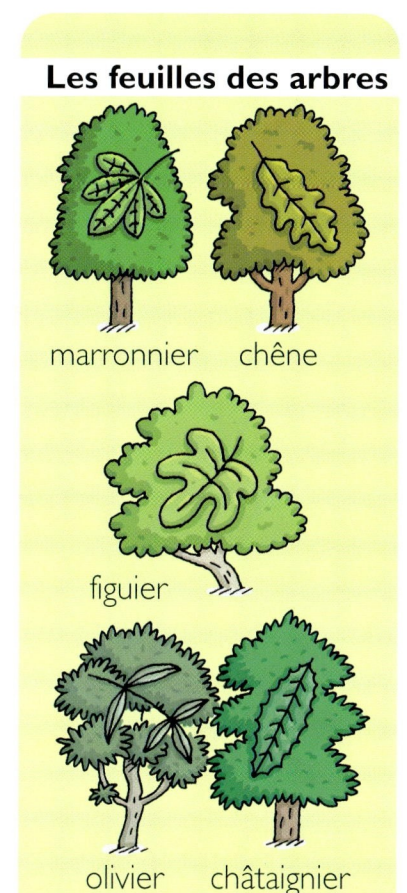

Les feuilles des arbres

marronnier   chêne

figuier

olivier   châtaignier

Les fruits des arbres

Connais-tu ces fruits ? Sais-tu sur quels arbres ils poussent ?

Réponses : 1. l'olive sur l'olivier 2. le gland sur le chêne 3. le marron sur le marronnier 4. la châtaigne sur le châtaignier 5. la figue sur le figuier.

La vie des plantes

Un noyau d'avocat, un haricot sec, un bulbe de jacinthe, une pomme de terre... Tu peux t'amuser à faire pousser quantité de plantes chez toi. Observe-les, jour après jour, se développer. C'est passionnant !

Si tu manges un **avocat**, conserve son noyau. Essuie-le. Pique deux épingles de chaque côté et pose-le sur un verre rempli d'eau. Seule la partie ronde doit être hors de l'eau. Quand le noyau aura germé, place-le dans un pot et recouvre-le de terre. Bientôt un nouvel avocat va surgir.

Profite d'une promenade en forêt pour ramasser un **marron** dans sa bogue. Sépare le marron de sa bogue. Remplis aux trois quarts un pot de terre. Mets ton marron dedans, puis recouvre-le de terre. Le marron va germer. Une jeune pousse apparaît. Les racines grandissent dans la terre. Bientôt tu verras les premières feuilles du marronnier. Arrose régulièrement.

Pour faire pousser une **jacinthe**, il faut d'abord remplir d'eau un bocal de verre, puis poser l'oignon dessus, en veillant bien à ce que seule la partie plate repose dans l'eau. Couvre le tout avec un carton par exemple. Trois semaines plus tard, des petites racines apparaissent. Tu peux maintenant exposer ta plante à la lumière. Bientôt, elle sera en fleurs.

Tu peux faire pousser une plante à partir de n'importe quel légume sec : **haricot**, **lentille**, etc. Enterrée et arrosée, la graine gonfle. Une petite racine apparaît puis pousse vers le bas. Les premières feuilles sortent de terre, puis la plante grandit.

Si tu laisses vieillir une **pomme de terre**, tu la verras germer. Place-la dans un pot et recouvre-la de terre. Une plante va pousser, ses racines vont se développer et donner naissance à d'autres petites pommes de terre…

Les plantes

Les plantes vivent partout sur la Terre. Elles ont des formes et des tailles très variées. Elles n'ont pas toutes la même durée de vie. Elles ont toutes besoin d'eau, mais certaines résistent bien à la sécheresse.

Les **serres** sont des abris de verre ou de plastique sous lesquels on fait pousser des plantes. La température est réglable. Cela permet de cultiver des plantes des pays chauds, comme les palmiers, dans les pays froids.

Les **bambous** sont des plantes des pays chauds. Leur tige, rigide, est utilisée pour faire des meubles, et aussi de petites maisons.

Les **plantes carnivores** se nourrissent de petits animaux. Le **népenthès** attire les insectes dans sa coupe. Ils glissent au fond et sont dissous.

Il existe de nombreuses variétés de **cactus**. Certains sont longs et ressemblent à des bougeoirs, d'autres, plus petits font penser à des raquettes. Leur tige est un réservoir d'eau. Ils n'ont pas de feuilles mais des **épines**.

Les plantes aquatiques comme les **roseaux**, les **nénuphars** ou les **joncs** ont de longues racines enfouies sous l'eau.

Les **lentilles d'eau** sont les plus petites plantes à fleurs connues.

Les **algues** n'ont pas de racine. Elles vivent généralement dans l'eau mais ont besoin de lumière.

Les **champignons** n'ont ni racine ni chlorophylle.

Les **fougères** ont de longues feuilles délicates. Elles n'ont ni fleurs ni graines.

Les plantes aromatiques sont cultivées pour leur parfum. C'est le cas du **basilic**, du **persil**, du **thym** et de la **menthe**.

La vie des fleurs

Si les fleurs sont belles et si elles sentent bon, ce n'est pas uniquement pour notre plaisir. C'est aussi pour attirer les insectes dont elles ont besoin pour se reproduire. On appelle ce phénomène la pollinisation.

Avant sa naissance, la fleur est une petite **graine** (ou un **bulbe**) enfoui sous la terre.

La graine s'ouvre, une petite **pousse** jaillit. Elle grandit et sort de terre en se dirigeant vers la lumière.

La fleur a bien grandi. Son **bourgeon** s'est redressé et commence à s'ouvrir.

L'enveloppe épaisse du **bourgeon** protège les pétales de la fleur.

L'**abeille** est attirée par la fleur. Elle se pose pour récolter le pollen dont elle a besoin pour faire son miel.

En butinant la fleur, elle dépose un peu de pollen sur les stigmates. La fleur est **fécondée**.

Une première **feuille** apparaît, puis une autre. Sous la terre, les **racines** grandissent.

La **tige** commence à s'allonger. Un **bourgeon** va se former à son extrémité.

L'enveloppe s'écarte, la fleur éclôt, les **pétales** s'ouvrent en corolle.

Au milieu de la fleur, se trouvent ses organes reproducteurs mâle et femelle : les **étamines** et le **pistil**. Les étamines contiennent le **pollen**. Au bout du pistil, les **stigmates** sont un peu collants.

À la fin de l'été, les pétales tombent. Il ne reste que les **graines** fécondées de la fleur.

En tombant et en s'enfonçant dans le sol, les graines donneront naissance à de **nouvelles fleurs**.

Les légumes

Ce que nous appelons légumes désigne en fait différentes parties des plantes. On mange leurs feuilles, leurs racines, leurs bulbes, ou leurs graines.

choux de Bruxelles

Il existe différentes espèces de choux. On mange leurs **feuilles** soit crues, en salade, soit cuites.

chou vert

chou rouge

chou-fleur

Les **salades** sont des plantes qui poussent dans le potager. On mange leurs **feuilles**. Il existe de nombreuses variétés de salades.

laitue

romaine

cresson

pissenlit

navet

carotte

betterave

pomme de terre

Les **navets**, les **carottes**, les **betteraves** sont des **racines**. Il faut creuser dans la terre pour pouvoir les ramasser.

La **pomme de terre** pousse aussi dans la terre. C'est un **tubercule**, la partie renflée d'une racine.

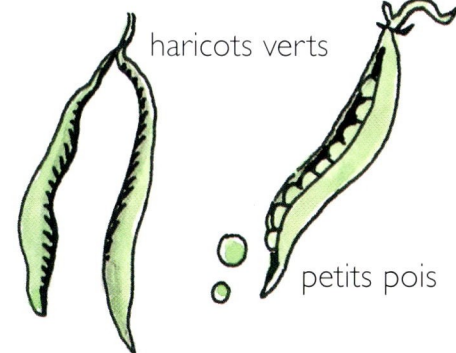

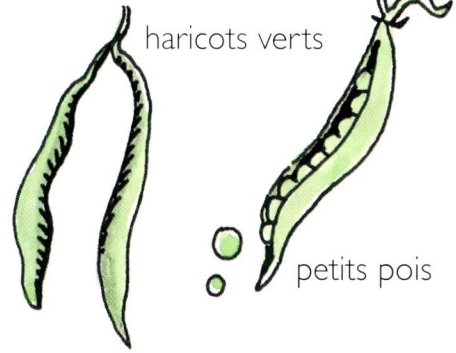

haricots verts

petits pois

haricots et pois secs

Les **haricots verts** sont les **fruits** du haricot. On les mange soit avec leur **gousse** quand les graines sont encore toutes petites, soit en grains : ce sont alors des haricots secs. Les **petits pois** sont les graines du pois. On les enlève de leur gousse pour les manger.

oignon

ail

L'**ail** et l'**oignon** sont des plantes dont on mange les **bulbes**, la partie enfouie dans la terre.

L'**asperge** est une plante dont on mange les **pousses**.

Les fruits

Les fruits poussent sur des plantes. Les noyaux, les graines, ou les pépins qu'ils renferment leur permettent de se reproduire. Beaucoup sont riches en vitamines.

La **pomme** est le fruit du pommier. Elle contient des pépins.

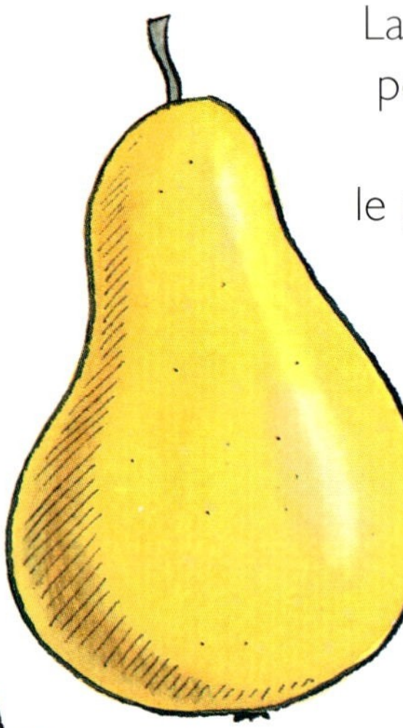

La **poire** pousse sur le poirier.

La **pêche** est le fruit du pêcher. Elle a un gros noyau.

La **cerise** est le fruit du cerisier. Elle a un petit noyau.

L'**abricot** pousse sur l'abricotier. Il a un noyau ovale dur.

Le **melon** pousse sur une plante au ras du sol.

Les **groseilles** poussent en petites grappes sur le groseillier.

La **fraise** est le fruit du fraisier, une plante qui rampe sur le sol.

La **framboise** pousse sur un arbrisseau, le framboisier.

La **mûre** est le fruit de la ronce sauvage.

Le **pamplemousse** est le fruit d'un arbre, le pamplemoussier.

L'**orange** pousse sur l'oranger.

Fruit à noyau ou fruit à pépins ?

Sais-tu quels fruits contiennent des pépins ?

La **mandarine** est le fruit du mandarinier, un petit arbre originaire de Chine.

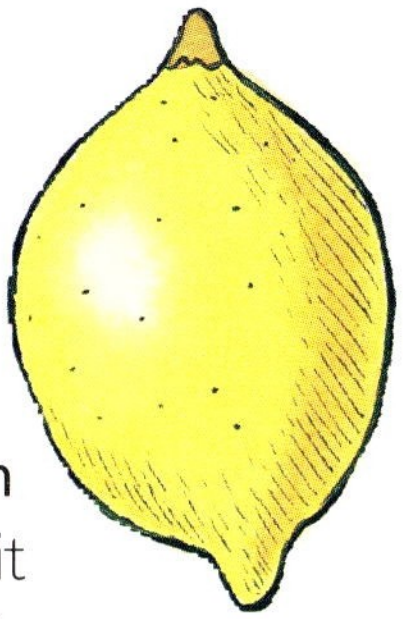

Le **citron** est le fruit du citronnier.

La **tomate** est un fruit qui pousse sur une plante.

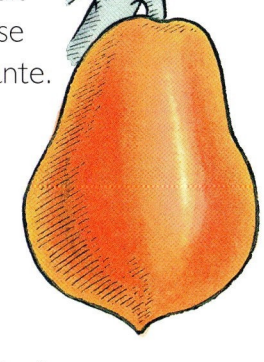

L'**ananas** pousse sur une sorte de petit palmier.

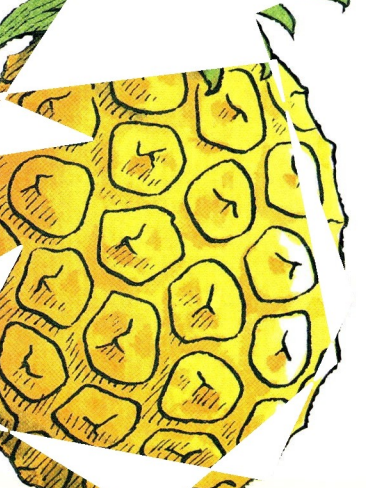

Le **litchi** est le fruit d'un arbre d'Asie. Il a une chair blanche et une peau dure.

Le **kiwi** est un fruit originaire de Chine. Sa chair est verte et sa peau un peu velue.

La **banane** pousse en grappes (ou régimes) sur le bananier.

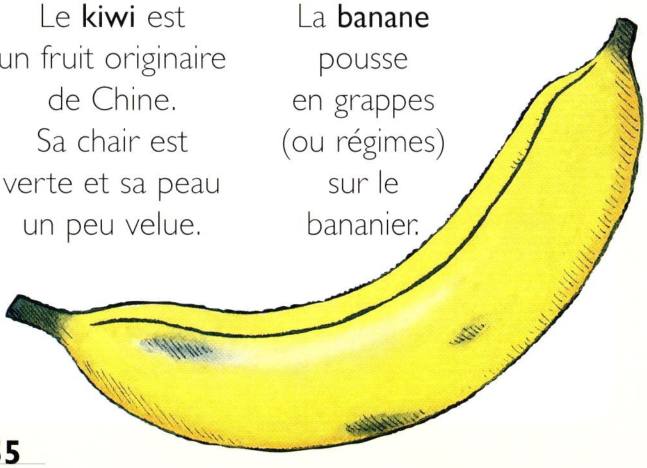

155

Les céréales

Les céréales sont cultivées dans les champs. Leurs grains, souvent réduits en farine, nous servent de nourriture.

L'**orge** sert à fabriquer de la bière et des aliments pour animaux. Le **seigle** sert à faire de la farine. Il sert aussi de fourrage aux animaux. L'**avoine** est la nourriture des chevaux.

Le **maïs** a une longue tige qui peut monter à plus de 3 m de haut. Il donne de gros épis sur lesquels les grains sont agglutinés. On le cultive pour le donner à manger au bétail. Les hommes ne mangent que le maïs doux.

Le **riz** est l'aliment le plus consommé au monde. Il est cultivé dans des champs inondés, appelés rizières. Pour pousser, il a besoin de chaleur, d'humidité et demande beaucoup de travail : il faut le semer, le repiquer, le récolter…

Le **blé** est la céréale la plus cultivée. On le récolte quand ses épis sont jaunes et mûrs. Le blé tendre est transformé en farine. Le blé dur sert à fabriquer de la semoule et des pâtes.

L'huile
Une céréale sert à faire de l'huile : le maïs. On fait aussi de l'huile de cuisine avec le soja, le colza, le tournesol, le raisin, les olives, l'arachide, ou les noix.

De l'épi de blé à la baguette

Le blé, récolté à la fin de l'été par l'**agriculteur**, est vendu au **meunier** ou au **minotier**. Les grains sont écrasés pour devenir de la **farine**.

Le **boulanger** mélange la farine de blé avec de l'**eau** dans son **pétrin**. La **pâte**, ainsi formée, est mise à cuire dans un **four**. Résultat : du pain délicieux à la mie blanche et à la croûte dorée.

La Terre est ronde et presque toute bleue car les océans occupent les trois quarts de sa surface. C'est pourquoi on l'appelle la **Planète bleue**.

Selon l'angle où on la regarde, la Terre présente des aspects différents. Voici plusieurs visages de la Terre.

Amérique du Nord
océan **Atlantique**
océan **Pacifique**
Amérique du Nord
Amérique du Sud
océan **Atlantique**
océan **Pacifique**

Il y a **quatre océans** sur la Terre : l'océan **Pacifique**, l'océan **Indien**, l'océan **Atlantique** et l'océan **Arctique**. L'océan Pacifique est plus grand que tous les continents réunis.

Si tu faisais le tour de la Terre, tu ferais un voyage de 40 000 km.

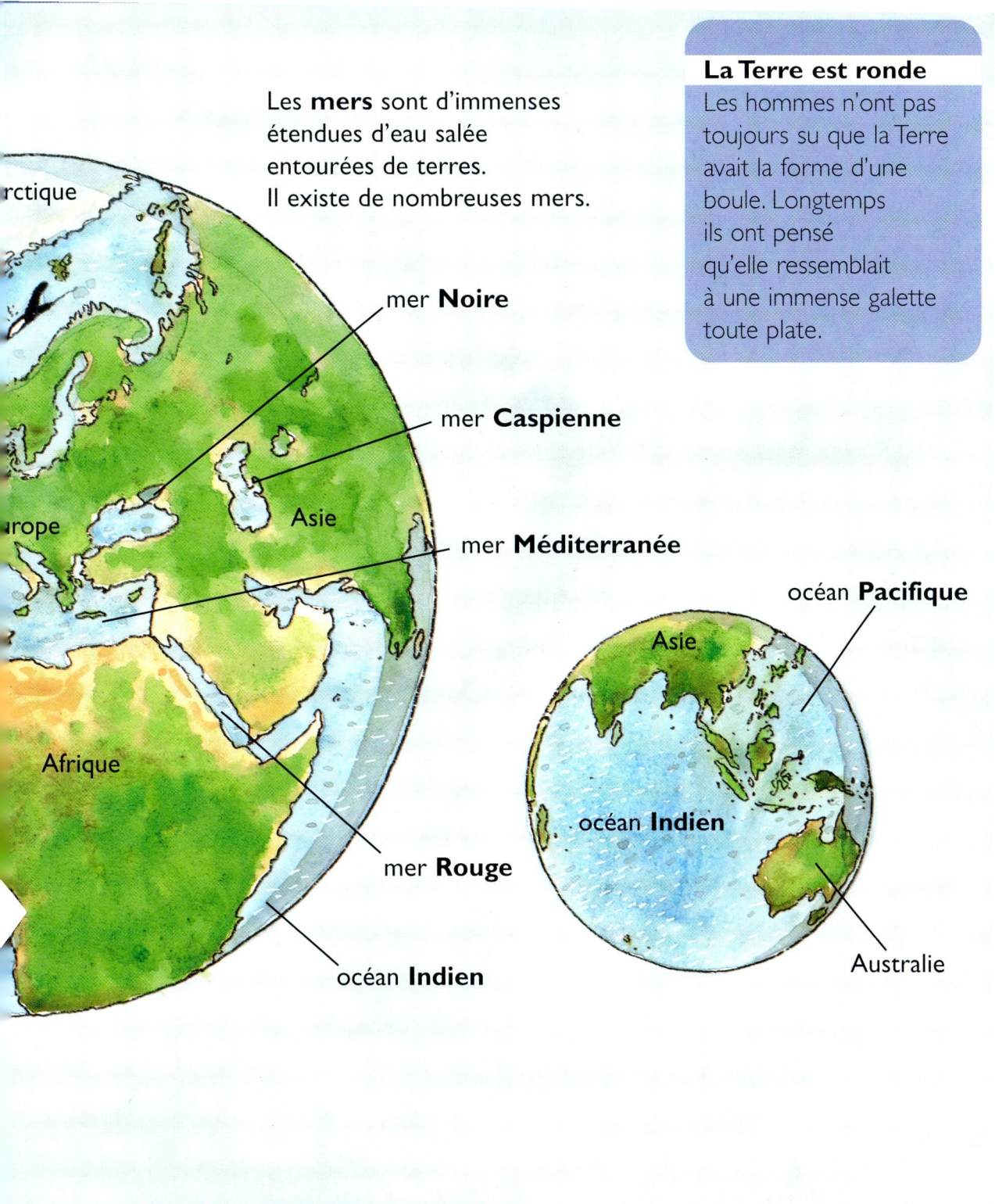

Les **mers** sont d'immenses étendues d'eau salée entourées de terres. Il existe de nombreuses mers.

La Terre est ronde

Les hommes n'ont pas toujours su que la Terre avait la forme d'une boule. Longtemps ils ont pensé qu'elle ressemblait à une immense galette toute plate.

- rctique
- mer **Noire**
- mer **Caspienne**
- Asie
- rope
- mer **Méditerranée**
- Afrique
- mer **Rouge**
- océan **Indien**
- océan **Pacifique**
- Asie
- océan **Indien**
- Australie

Les continents

Six continents recouvrent la surface de la Terre : les Amérique, l'Europe, l'Asie, l'Afrique, l'Australie et l'Antarctique.

Amérique du Nord

océan **Atlantique**

océan **Pacifique**

Amérique du Sud

océan **Pacifique**

Asie

océan **Indien**

Australie

Les volcans

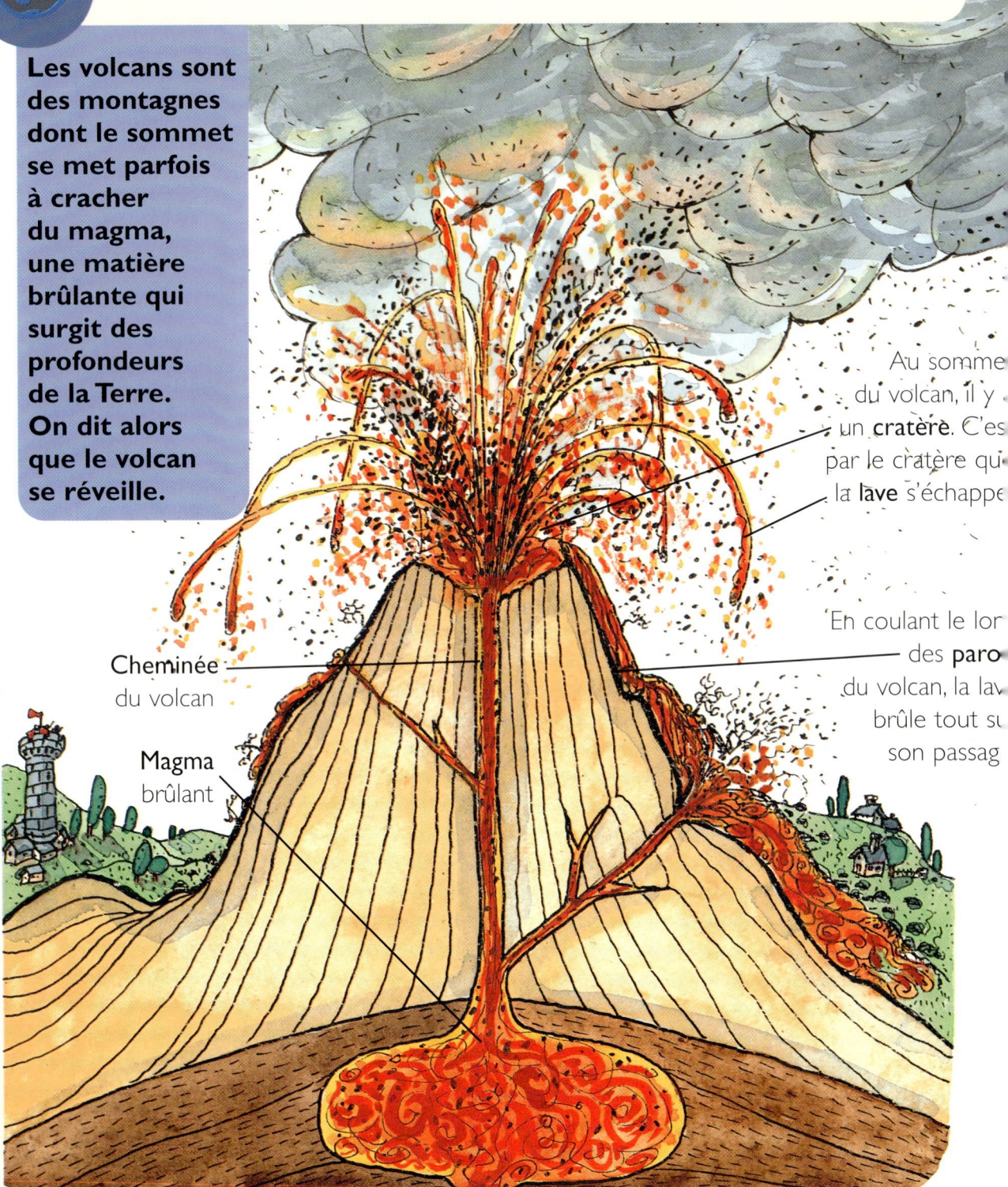

Les volcans sont des montagnes dont le sommet se met parfois à cracher du magma, une matière brûlante qui surgit des profondeurs de la Terre. On dit alors que le volcan se réveille.

Cheminée du volcan

Magma brûlant

Au sommet du volcan, il y a un **cratère**. C'est par le cratère que la **lave** s'échappe.

En coulant le long des **paro**... du volcan, la lave brûle tout su... son passag...

Le **magma** est constitué de roches qui fondent sous l'effet
de la très forte chaleur qu'il fait au centre de la Terre.
Quand le magma remonte, il soulève la surface de la Terre et forme un volcan.

Quand le magma sort du volcan, on l'appelle la lave. Il arrive que d'énormes nuages
de **cendre** et de **gaz** s'échappent en même temps du volcan.

Le volcanologue
Le volcanologue est le spécialiste des volcans. Il les étudie avec des instruments scientifiques pour essayer de prévoir quand ils risquent de se réveiller.

Climats chauds, climats froids

Le climat, c'est le temps qu'il fait dans une région. Il n'est pas partout le même sur la Terre. Ces différences de climats jouent un rôle très important sur la vie des plantes et des animaux.

C'est dans les **déserts d'Afrique** qu'il fait **le plus chaud**.
Seuls les animaux qui supportent bien la chaleur parviennent à y vivre.

C'est dans les **régions polaires** qu'il fait **le plus froid**.
La température peut descendre jusqu'à -70°. Tout est gelé.
Au pôle Sud, en Antarctique, il n'y a pas d'habitant.

Et toi, où vis-tu ?
Connais-tu le climat
de l'endroit où tu vis ?
Y fait-il froid l'hiver ?
Les étés sont-ils chauds ?
Pleut-il souvent ?
Combien y a-t-il
de saisons ?

Le désert d'Atacama,
en **Amérique du Sud**,
est l'endroit
où il fait **le plus sec**.
Il ne pleut
pratiquement jamais.

Les régions **les plus humide**s, c'est-à-dire celles où il pleut le plus,
se trouvent près de l'**équateur**. Il y fait aussi toujours chaud.

La vie dans le désert

Dans les déserts il ne pleut presque jamais. Il y fait très chaud le jour, froid la nuit. La végétation et les animaux sont rares.

Dans le désert, lorsqu'il fait très chaud, apparaissent des **mirages**. On dirait des flaques d'eau mais ce ne sont que des effets de lumière.

Les **dunes** sont des collines de sable modelées par le vent.

Les **nomades** sont les hommes du désert. Ils se déplacent sans cesse à dos de dromadaire.

Quand il y a de l'eau sous le sable, on peut faire pousser dans le désert des palmiers-dattiers. C'est une **oasis**.

Le **dromadaire** est un animal bien adapté à la vie dans le désert. Il peut faire des kilomètres sans boire, et ses larges pattes lui permettent de marcher sur le sable sans s'y enfoncer.

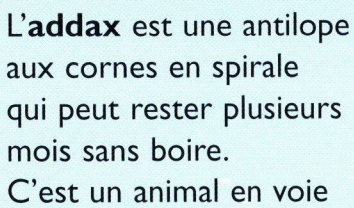

L'**addax** est une antilope aux cornes en spirale qui peut rester plusieurs mois sans boire. C'est un animal en voie de disparition.

Le **fennec** est un petit renard du désert. Il a de grandes oreilles qui lui servent à se rafraîchir.

Une ou deux bosses ?
Le **chameau** vit en Asie. Il a deux bosses. Ses poils longs le protègent du froid.
Le **dromadaire** vit en Afrique. Il n'a qu'une bosse sur le dos. Les dromadaires qui servent de monture s'appellent des **méharis**.

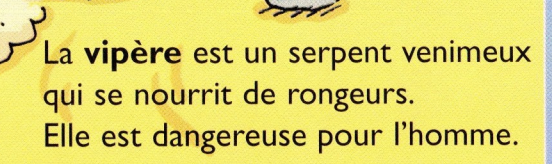

La **gerboise** est à peine plus grosse qu'une souris. Ses très longues pattes arrière lui permettent de faire des bonds géants.

La **vipère** est un serpent venimeux qui se nourrit de rongeurs. Elle est dangereuse pour l'homme.

Le **scorpion** a deux pinces et une longue queue armée d'un crochet venimeux. C'est un animal très dangereux car sa piqûre peut être mortelle.

La vie sur une île tropicale

Une île est une terre entourée d'eau. Certaines sont toutes petites, d'autres très grandes. Voici une île des Tropiques… La mer y est transparente et le sable doux et blanc.

Pour aller pêcher en mer ou pour se déplacer, les habitants utilisent des **barques** qu'ils font avancer en **ramant**.

Au fond de la mer, il y a plein de poissons magnifiques, de toutes les couleurs. Les touristes font de la **plongée** pour les observer.

Au retour des pêcheurs, les femmes vendent les poissons qu'ils ont attrapés.

Le **cocotier** est un palmier. Il donne un curieux fruit, la **noix de coco**. Sa coque est très dure. Elle contient un liquide délicieux et très désaltérant !

Les maisons sont construites sur **pilotis**, des gros piliers de bois enfoncés dans le sol.

Les cyclones

Il arrive parfois que d'énormes tempêtes traversent ces îles. On les appelle des **cyclones**.

Le vent peut souffler à plus de 200 km à l'heure et dévaste tout sur son passage. Les fruits sont arrachés des arbres, les toits s'envolent…
Les habitants ont appris à se protéger de ces tempêtes.

Dans la brousse africaine

Dans la brousse africaine, il fait très chaud et l'eau est rare. Les conditions de vie sont très difficiles. Les habitants vivent dans des petits villages éloignés les uns des autres.

L'eau n'arrive pas directement dans les cases. Il faut aller la **puiser**.

Le **sol** est en terre. Il n'y a pas de routes.

Les **femmes** préparent ensemble les repas, devant les cases. Elles **pilent** le manioc et le mil pour faire de la farine et des galettes.

Les **cases** sont construites en **pisé**, des briques de terre sèche.
Elles sont recouvertes d'un toit de chaume.
Elles n'ont pas de fenêtres, pour conserver l'air frais.
Elles ne sont pas fermées.

Les femmes portent leurs **bébés** sur le dos. Elles les attachent avec des morceaux de tissus très colorés. Bien installés, les bébés dorment tranquillement, pendant que leur mère travaille.

Deux saisons par an
En certains endroits d'Afrique, il n'y a que deux saisons. Une **saison sèche** pendant laquelle il ne pleut jamais : l'herbe, brûlée par le soleil, devient toute jaune. Puis vient la **saison des pluies** et la végétation reverdit en quelques jours.

Les **hommes** gardent les troupeaux.

La forêt tropicale

Dans certaines régions du monde, sous les Tropiques, il fait très chaud et il pleut une grande partie de l'année. Ces régions sont couvertes d'immenses forêts. La moitié des espèces animales et végétales du monde y vivent.

L'anaconda est l'un des plus longs serpents du monde : il est grand comme deux voitures. Il tue ses proies en les étouffant.

Les **Indiens d'Amazonie** sont d'excellents chasseurs et pêcheurs. Ils fabriquent des arcs. Leurs flèches sont enduites de poison.

Le **tapir** a une petite trompe qui lui permet d'aspirer les insectes.

Le **jaguar** vit au sol. C'est un redoutable chasseur et un excellent nageur.

Une forêt menacée

La forêt amazonienne est en danger. Les hommes la détruisent pour la transformer en terres cultivables et construire de grandes routes. Chaque seconde, il disparaît l'équivalent d'un terrain de football.

Certains **arbres** sont **immenses**. Ils peuvent mesurer 50 mètres de haut, soit un immeuble de 15 étages. Ils sont le domaine des oiseaux, comme le **perroquet ara**, mais aussi des **singes** qui se déplacent de branche en branche. À l'abri des arbres géants poussent des arbres un peu plus petits. C'est là que vivent les autres animaux.

Les **lianes** s'enroulent autour des troncs des arbres. Elles peuvent monter très haut.

Les régions polaires

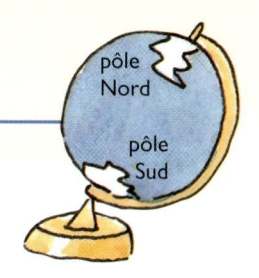

Les régions polaires : l'Arctique tout au nord de la Terre et l'Antarctique tout au sud, sont les régions les plus froides du monde.

Le pôle Nord

Les seuls habitants de l'Arctique, la région autour du pôle Nord, sont les **Esquimaux**, que l'on appelle aussi les **Inuit**.
Leurs conditions de vie sont très difficiles. Pour se nourrir, ils pêchent et ils chassent les **phoques**.

Autrefois ils habitaient dans des **igloos**. Maintenant ils vivent dans des petites **maisons de bois** plus confortables. Et pour se déplacer, ils n'utilisent plus des **traîneaux** tirés par des chiens, mais des **motoneiges**.

Le pôle Sud

Une nuit de six mois
L'hiver, dans les régions polaires, il fait nuit sans arrêt pendant six mois : le soleil ne se lève jamais. Il fait très froid, il y a des tempêtes de neige et il souffle un vent glacé, le **blizzard**. L'été, c'est le contraire : le soleil ne se couche jamais, il réchauffe peu à peu l'atmosphère pendant six mois. Par endroit la glace fond.

L'**Antarctique**, la région autour du pôle Sud, est trop froide pour que les hommes puissent y vivre. Seuls les **phoques** et les **manchots** supportent ces températures glacées. Il fait si froid que même la mer est gelée : c'est la **banquise**.

Les montagnes sont couvertes d'énormes **glaciers**. Les **icebergs** qui flottent sur la mer sont des blocs de glace détachés de ces glaciers. Les plus grands icebergs dépassent en hauteur un immeuble de 50 étages !

Protéger la Terre

Beaucoup de dangers menacent la Terre. Ce sont souvent les hommes qui en sont responsables. Heureusement, aujourd'hui, ils commencent à réaliser qu'il faut absolument protéger notre Planète.

Dans les forêts tropicales, on abat chaque jour des milliers d'arbres pour leur bois précieux, et pour créer des champs ou des routes. La **destruction de ces forêts** entraîne la disparition de nombreuses espèces animales et végétales, et risque d'être très dangereuse pour le climat de la Planète.

Entre le pétrole qui se répand sur les côtes quand il y a une **marée noire** et les eaux sales des égouts des villes qui s'y déversent, on prend trop souvent la mer pour une poubelle!

Les gaz toxiques qui s'échappent des cheminées des usines, et ceux qui sortent des pots d'échappement des voitures **polluent** l'air que l'on respire et sont très dangereux pour l'atmosphère.

L'affaire de tous

Toi aussi tu peux aider à préserver la Planète en jetant les papiers et les emballages dans des poubelles, surtout lorsque tu es au bord de la mer.
Le verre, le papier, le plastique sont recyclables. Il faut les **trier** et les mettre dans la bonne **poubelle**.

Les emballages vides et les détritus envahissent les **décharges**. Aujourd'hui, on les brûle ou on les recycle pour les transformer en quelque chose d'utile.

Les Planètes

Neuf planètes tournent autour du Soleil : Mercure, Vénus, Mars, Jupiter, Saturne, Uranus, Neptune, Pluton et la Terre, notre Planète. Elles font partie du système solaire.

Mars est surnommée "la planète rouge". C'est un désert rouge. Elle est très froide.

La **Terre** est la seule planète où il y a de l'air, de l'eau, et donc de la vie.

Vénus est la planète la plus chaude. Elle est très brillante. On l'appelle aussi l'étoile du Berger.

Mercure est une des plus petites planètes. C'est la plus proche du Soleil. Elle est donc très chaude.

Jupiter est la plus grande planète du système solaire. Elle est 11 fois plus grosse que la Terre.

Neptune est une planète froide, couverte de glace. Elle est entourée d'anneaux très fins.

Uranus est une planète assez mal connue car elle est très éloignée de la Terre. Elle est entourée d'anneaux.

Saturne est une planète entourée de milliers d'anneaux. très fins, faits de neige et de glace.

Pluton est la plus petite planète du système solaire. C'est aussi la plus éloignée et la moins connue.

Le Soleil et la Lune

Le Soleil est au centre du système solaire. C'est une étoile, une boule de feu, qui éclaire et réchauffe la Terre.

Autour du Soleil
La **Terre** met un an, ou 365 jours, à faire le **tour du Soleil**. En même temps, la Terre **tourne sur elle-même** en une journée de 24 heures.

croissant

pleine Lune

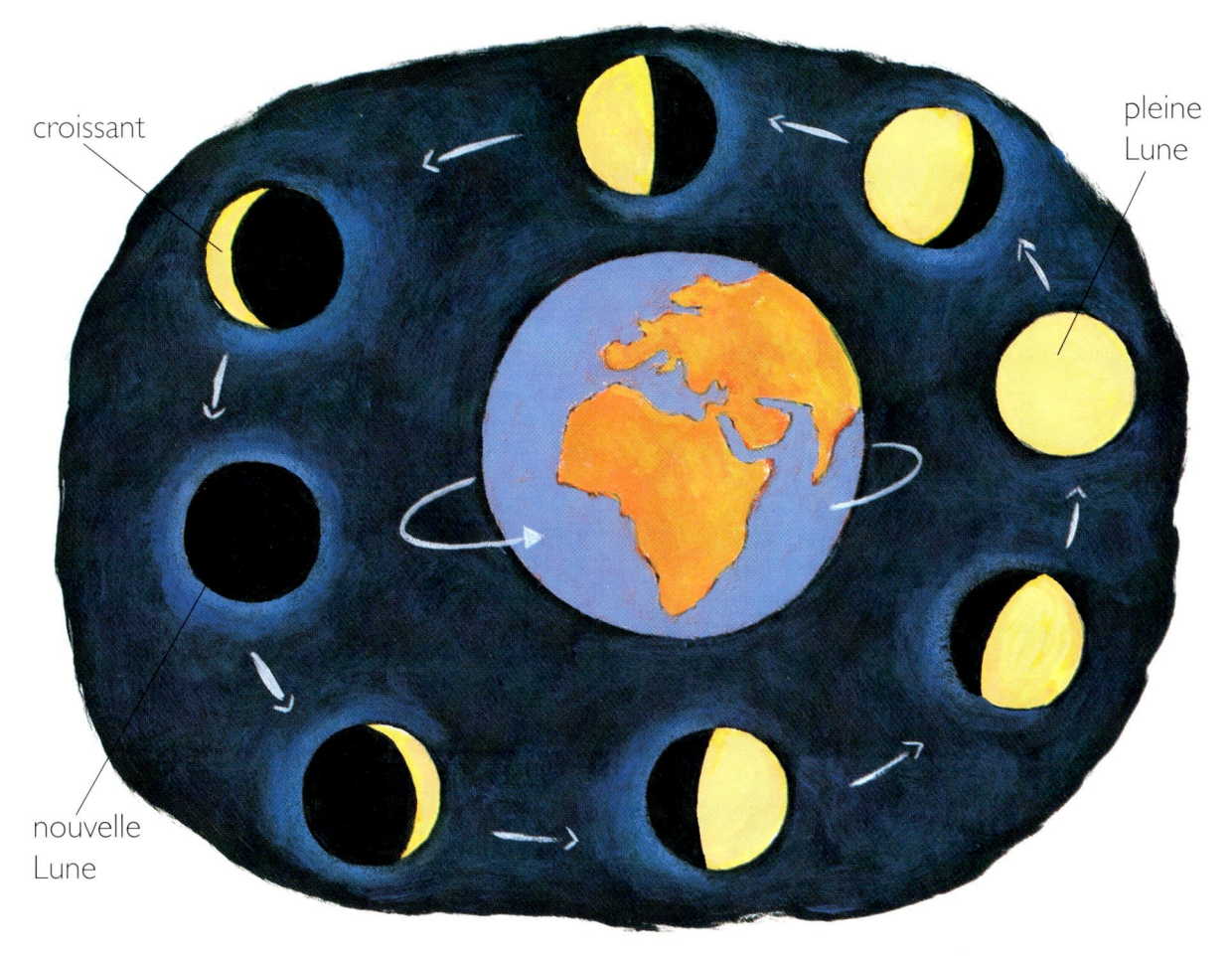

nouvelle Lune

La **Lune** met 29 jours et demi pour faire le **tour de la Terre**.
C'est le **satellite** de la Terre. Pendant sa course autour de la Terre,
la Lune n'est pas toujours éclairée de la même façon par le Soleil. C'est pourquoi
tu la vois sous différentes formes dans le Ciel : pleine Lune, croissant, etc.

Les éclipses

Il y a deux sortes d'éclipses : les éclipses de Soleil et les éclipses de Lune. Quand la Lune passe devant le Soleil, c'est une **éclipse de Soleil**. La Terre n'est plus éclairée par le Soleil : il fait nuit en plein jour. Quand la Terre est entre le Soleil et la Lune, c'est une **éclipse de Lune**. On ne la voit plus.

Les étoiles

Par une belle nuit d'été sans Lune, on peut voir plus de 2000 étoiles scintiller dans le Ciel. Si on ne voit d'elles qu'un petit point lumineux, c'est parce qu'elles sont très très lointaines, beaucoup plus lointaines que le Soleil.

Certaines étoiles ont l'air de dessiner des formes dans le Ciel. On les appelle des **constellations**. Les premiers savants qui les ont repérées leur ont donné des noms pour les identifier : la Grande Ourse, le Taureau, le Sagittaire, etc.

Comme le Soleil, les **étoiles** sont d'énormes boules de gaz brûlant.

Les étoiles, qui brillent la nuit, ne disparaissent pas du Ciel dans la journée. Mais la lumière du Soleil est trop forte pour que tu puisses les voir.

Toutes les étoiles que l'on voit dans le Ciel
appartiennent à notre Galaxie, la **Voie lactée**.
Il y a plus de 200 milliards d'étoiles dans notre Galaxie,
mais on ne les voit pas. Notre Galaxie a la forme d'une spirale,
avec un noyau au milieu et des bras qui tournent autour.
Le Soleil et la Terre se trouvent sur l'un de ces bras.
Dans l'Univers, il y a des milliards d'autres Galaxies,
formées de milliards d'étoiles.

Étoiles filantes

Un trait de lumière traverse le ciel étoilé : c'est une étoile filante. En réalité, ce n'est pas du tout une étoile, mais la trace laissée par un morceau de roche qui vient de l'espace et brûle en entrant dans l'atmosphère.

Observer le Ciel

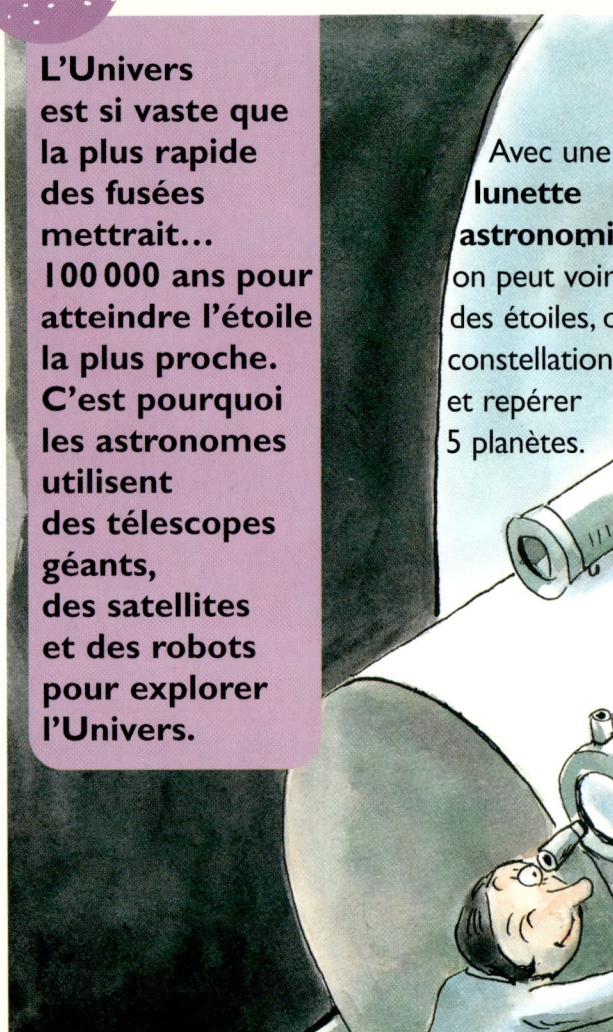

L'Univers est si vaste que la plus rapide des fusées mettrait... 100 000 ans pour atteindre l'étoile la plus proche. C'est pourquoi les astronomes utilisent des télescopes géants, des satellites et des robots pour explorer l'Univers.

Avec une **lunette astronomique**, on peut voir des étoiles, des constellations et repérer 5 planètes.

Les **astronomes** étudient les étoiles et les planètes depuis très longtemps. Aujourd'hui, grâce aux nouveaux instruments d'observation, ils progressent très vite dans leurs découvertes.

Les **télescopes** sont des instruments beaucoup plus puissants que les lunettes. Les astronomes les installent là où on voit le mieux le Ciel, en haut des montagnes, loin des lumières des villes.

Les sondes spatiales

La plupart des Planètes du système solaire sont trop loin de nous pour qu'on puisse aller les explorer. On envoie donc des sondes spatiales téléguidées autour de certaines Planètes : *Magellan* est restée 4 ans autour de Vénus, *Voyager* a étudié Jupiter, Saturne, Uranus et Neptune, et *Viking I* et *II* ont visité Mars.

Au XXIe siècle, des astronautes iront sans doute explorer la **Planète Mars**. Le voyage aller durera environ six mois. Il faudra qu'ils soient bien équipés, car il fait très froid sur Mars et les radiations sont très dangereuses.

Les navettes spatiales

Le premier homme à avoir volé dans l'espace est l'astronaute russe, Iouri Gagarine, en 1961. Depuis, beaucoup d'hommes et de femmes ont voyagé dans l'espace. Des navettes spatiales emmènent les astronautes ; ils peuvent aussi séjourner dans des stations orbitales.

La **navette** décolle lentement de son « pas de tir ». Ses deux **boosters** ont été allumés ensemble pour qu'elle monte tout droit. Le bruit est assourdissant.

Après deux minutes de vol, les **boosters** s'éteignent, ils se détachent
et ils retombent dans la mer, suspendus à des parachutes.
Un bateau vient les récupérer.

La navette continue son vol, propulsée par ses trois **moteurs**.
Huit minutes après le décollage, les moteurs s'arrêtent et le **réservoir** se détache
à son tour. Il n'est pas récupéré. La navette est mise en **orbite** à 300 km de la Terre.
Elle avance à la vitesse de 28 000 km/h. Elle fait un tour complet en 90 mn.

Comment la navette revient-elle sur Terre ?

La navette **quitte son orbite**, puis elle rentre dans l'atmosphère qui entoure la Terre,
à 120 km d'altitude. Le frottement de l'air la ralentit petit à petit.
Elle termine son voyage et elle **se pose** comme un avion.

Les hommes dans l'espace

Six fois déjà, des astronautes sont allés sur la Lune. Neil Armstrong est le premier homme à avoir marché sur la Lune. C'était en juillet 1969.

L'**astronaute** est un pilote, homme ou femme, capable de diriger une navette et de vivre à bord dans l'espace.

Avant de partir, les astronautes **s'entraînent** longuement sur Terre.

Vient le grand jour : ils **quittent la Terre** à bord d'une fusée ou d'une navette spatiale.

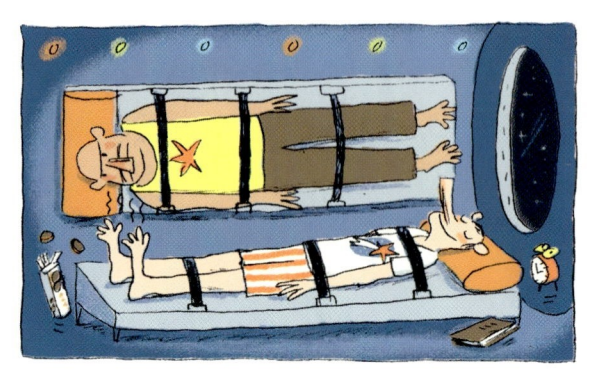

Ils dorment attachés à leur couchette à cause de l'**apesanteur**.

Pas facile de manger et de boire dans l'espace !

Les astronautes sortent parfois pour faire une réparation.

Sur la Terre, la **pesanteur** est une force qui entraîne tout vers le sol. Dans l'espace, elle n'existe pas. En **apesanteur**, tout flotte.

Dans l'espace, il n'y a pas d'oxygène.
Pour pouvoir respirer, les astronautes transportent
sur eux des réserves d'oxygène. Ils portent
une **combinaison scaphandre** très épaisse.

Comment les appeler?
Cosmonaute, astronaute, ou spationaute?

Les Français disent **spationaute**;
les Américains, **astronaute**
et les Russes, **cosmonaute**.

Les héros de l'espace
1957 Le premier être vivant envoyé dans l'espace était une chienne. Elle s'appelait **Laïka**.
1961 Le Soviétique Iouri **Gagarine** voyage dans l'espace.
1963 Pour la première fois, une femme est envoyée dans l'espace. La Soviétique Valentina **Terechkova** reste deux jours en orbite autour de la Terre.
1969 Les Américains **Armstrong** et **Aldrin** marchent sur la Lune.

LES **MOTS DIFFICILES**

Atmosphère
L'atmosphère, c'est la couche de **gaz** qui entoure la Terre et permet d'y vivre.

Bulbe
Certaines plantes, comme la jacinthe, ont un bulbe qui pousse sous la terre et qui sert de réserve de nourriture.
Cela permet à la plante de repousser chaque année.

Carnivore
Un animal carnivore se nourrit essentiellement de **viande**.
Le lion, le guépard sont carnivores.

Chlorophylle
La plupart des plantes contiennent de la chlorophylle, une substance **verte** qui se forme à la lumière.

Circulation
Quand les voitures se déplacent en ville et sur les routes, on dit qu'elles **circulent**. Il y a beaucoup de circulation quand les voitures sont très nombreuses à se déplacer.

Déchet
Les déchets, c'est ce que l'on jette.
La **décharge** est l'endroit où l'on dépose les déchets.

Diurne
Un animal diurne est un animal qui vit, se déplace pendant le **jour**.
L'écureuil est un animal diurne.

Domestique
Un animal domestique vit auprès de l'homme et lui obéit. C'est le contraire d'un animal sauvage.
Le chien est un animal domestique.

Embryon
Être vivant qui commence à se développer dans un œuf ou dans le ventre de sa mère. Pendant ses trois premiers mois, le futur bébé est un embryon.

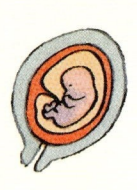

Fossiles
Les fossiles sont les empreintes ou les restes d'un animal, ou d'une plante, très anciens qui se sont conservés dans la roche.
On a retrouvé des fossiles de dinosaures.

Fourrage
Le fourrage est l'ensemble des plantes qui servent de nourriture au bétail.

Herbivore
Un animal herbivore se nourrit uniquement d'**herbes**, de **feuilles**.
La vache, l'éléphant, la girafe sont herbivores.

Hiberner
Certains animaux comme la marmotte hibernent. Ils passent l'**hiver** en vivant au ralenti. Leur cœur bat moins vite, la température de leur corps descend. Pour se nourrir, ils puisent dans leurs réserves de graisse.

Mammifère
Les mammifères sont des animaux dont les femelles nourrissent leurs petits à la **mammelle**. On dit qu'ils **allaitent** leurs petits. L'ours, la vache, le cheval, mais aussi l'homme, sont des mammifères.

Nocturne
Un animal nocturne est un animal qui vit, s'active la **nuit**. Le hibou est un oiseau nocturne.

Omnivore
Un omnivore se nourrit à la fois de viande et de végétaux. L'homme est omnivore.

Orbite
En tournant autour du Soleil, la Terre dessine une orbite, c'est-à-dire une grande courbe. **Mettre en orbite** un engin spatial, c'est le faire tourner autour de la Terre ou d'une Planète selon cette courbe.

Oxygène
L'air que l'on respire contient de l'oxygène, un **gaz** essentiel pour la vie.

Paître
Paître, c'est manger de l'herbe en **broutant**. Les vaches paissent.

Pollen
Les étamines de la fleur produisent une poudre jaune : le pollen. Le pollen sert à la reproduction des fleurs.

Polluer
Polluer une rivière, une forêt, c'est la salir. Les usines polluent les rivières en y déversant leurs déchets.

Reptile
Les serpents, les tortues, les lézards et les crocodiles sont des reptiles. Leur corps est recouvert d'écailles ou d'une carapace. Ils pondent des œufs. Les **dinosaures** étaient des reptiles.

Vénéneux
Une plante vénéneuse contient un **poison** qui peut rendre malade. Certains champignons sont vénéneux.

Venimeux
Un animal venimeux est un animal qui a du **venin**, un poison qu'il rejette en piquant ou en mordant. Le scorpion est venimeux.

Vitamines
Les vitamines se trouvent dans les aliments que l'on mange. Elles sont indispensables pour la santé. La vitamine C se trouve dans les fruits frais et les légumes.